D1718837

Skriptum
Finanzierung

C. Ölschläger/H. Petersen

**Verlag
für Wirtschaffsskripten**
Dipl.-Kfm. C. Ölschläger

3. Auflage

1. Auflage: Oktober 1975
2. Auflage: Oktober 1976
3. Auflage: Februar 1980

ISBN 3-921636-08-6

Verfasser: Dipl.-Kfm.Claus Ölschläger/Dipl.-Kfm.Heinz Petersen
Herausgeber: Dipl.-Kfm.Claus Ölschläger
Umschlag: Volker Zimmermann
Druck: Studio-Werbung, Eschweiler

© VERLAG FÜR WIRTSCHAFTSSKRIPTEN
 Dipl.-Kfm. C. Ölschläger GmbH
 Amalienstraße 81, 8000 München 40, Tel. 089 - 28 49 42

VORWORT

Der vorliegende Titel „Finanzierung" komplettiert das BWL-Skriptenpaket unseres Verlages, das jetzt die vier Titel »**Investition — Finanzierung — Kostenrechnung — Bilanzen**« umfaßt und deren Thematik unverzichtbare Bestandteile eines jeden Wirtschaftsstudienganges sind.

Die formale und inhaltliche Gestaltung des vorliegenden Paperbacks richtet sich strikt nach den Erfordernissen einer **rationalen Klausur- und Examensvorbereitung**. Als Konsequenz daraus ergab sich, daß die stets wiederkehrenden Prüfungsbereiche besonders intensiv dargestellt wurden, weniger gefragte Gebiete dagegen nur gestreift werden konnten.

Im Textteil findet der Benutzer zahlreiche **graphische Darstellungen** und **tabellarische Übersichten**. Soweit diese formalen Gestaltungsmittel die verbale Darstellung ersetzen oder verdeutlichen können, wurden sie zur Verbesserung der Stoffaufnahme berücksichtigt. Als weitere optische Lernhilfen seien der **Fettdruck** und die **Hervorhebung** wichtiger Stichwörter und Merksätze erwähnt.

Die kapitelweise eingeführten **Kontrollfragen** sollen zur Reproduktion des soeben erfahrenen Stoffes anregen; es empfiehlt sich, erst dann mit der Stoffbearbeitung fortzufahren, wenn die Kontrollfragen der vorstehenden Abschnitte beantwortet werden können.

Im Anschluß an den Textteil fügten die Autoren eine **Sammlung von Examensthemen** ein; ein umfangreiches und aktuelles **Literatur- und Quellenverzeichnis** und ein ausführliches **Stichwortverzeichnis** schließen das Buch ab. Der Nutzen dieser hilfreichen Einrichtungen muß nicht gesondert hervorgehoben werden.

Die mit der Abfassung dieses Titels befaßten Autoren und der Verlag waren bemüht, ein sorgfältig konzipiertes und präzise erarbeitetes Skriptum zum vorteilhaften Gebrauch der Studierenden anzubieten. Sollten trotz der vielen Kontrollen und Korrekturen Beanstandungen zu verzeichnen sein, so bitten wir hiermit um Ihren Hinweis.

München, Oktober 1975   Autoren und Verlag

VORWORT ZUR 2. AUFLAGE

Die nunmehr vorliegende zweite Auflage wurde genau ein Jahr nach Erscheinen der Erstauflage notwendig. Kritiker, Rezensenten, Fachpresse, Dozenten und Studierende waren sich in ihrem positiven Urteil über die Qualitäten dieses Buches einig.

Die Zweitauflage wurde von den Autoren sorgfältig durchgesehen. In einigen Punkten waren Korrekturen und Verbesserungen erforderlich. Die vorliegende Auflage kann deshalb als verbesserte Ausgabe bezeichnet werden.

Auch für diese Auflage gilt, daß Autoren und Verlag für kritische Hinweise stets dankbar sein werden.

München, Oktober 1976   Autoren und Verlag

VORWORT ZUR 3. AUFLAGE

Die nunmehr vorliegende dritte Auflage wurde von den Autoren gründlich überarbeitet. Das 1977 **novellierte** Körperschaftsteuergesetz wurde im Kapitel über Wirkungen der Selbstfinanzierung voll berücksichtigt.

München, März 1980   Autoren und Verlag

INHALTSVERZEICHNIS

1. BEGRIFFLICHE GRUNDLAGEN

1.1 STELLENWERT DER FINANZIERUNG

Betriebswirtschaften sind äußerst komplexe und vielschichtige Gebilde. In allen Betriebswirtschaften wird beschafft, produziert, abgesetzt, finanziert, versteuert, usw. Eine differenzierte Betrachtung der Betriebswirtschaften unter diesen **funktionalen** Gesichtspunkten (Absatz, Produktion, Beschaffung, Finanzierung und Rechnungswesen als Funktionen einer Betriebswirtschaft) wird der Komplexität des betrieblichen Geschehens Rechnung tragen, differenzierte Aussagen über Teilbereiche erlauben und zu einer Systematisierung beitragen. Allerdings sind diese Funktionen nicht isoliert zu betrachten, da zwischen den einzelnen Funktionen Interdependenzen bestehen, die nicht vernachlässigt werden dürfen. Daher wird es erforderlich sein, den Stellenwert der Finanzierung in einer Betriebswirtschaft aufzuzeigen.

1.2 DER BETRIEBLICHE WERTEKREISLAUF

Der Wertekreislauf, der aus der Erfüllung der obigen Funktionen einer Betriebswirtschaft resultiert, läßt sich einteilen in:

— **Güterströme** und

— **Geldströme.**

Unter Geldströmen sollen hierbei die den Güterströmen entgegengerichteten ausgabenrelevanten und einnahmenrelevanten Zahlungsströme verstanden werden, wobei als Ausgabe jede von der Betriebswirtschaft geleistete Zahlung und als Einnahme jegliche an die Betriebswirtschaft getätigte Zahlung aufzufassen ist.

Der Zusammenhang von Geldströmen und Güterströmen wird durch das folgende Schema des Leistungserstellungsprozesses verdeutlicht:

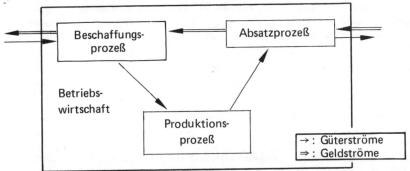

Abb. 1: Der betriebswirtschaftliche Leistungserstellungsprozeß

Dieses Schema birgt implizit den Hinweis in sich, daß in der Regel eine **zeitliche Differenz** zwischen **Güterströmen** und **Geldströmen** zu verzeichnen ist; d.h. die Einnahmen, die aus der Verwertung der Güterströme resultieren, sind den Ausgaben, die durch die betriebliche Leistungserstellung verursacht werden, zeitlich nachgelagert. Die Beschaffung von Werkstoffen und Betriebsmitteln sowie die Bereitstellung des erforderlichen Personals führen zu Ausgaben. Für die notwendigen Geldmittel zur Deckung dieser Ausgaben wird in der Betriebswirtschaftslehre in der Regel der Terminus „Kapital" gewählt. Andere Definitionen von Kapital finden sich bei PREISER[1], der zwar ebenso eine **monetäre** Kapitalauffassung vertritt, jedoch Kapital als **Geld für Investitionszwecke** definiert. SCHMALENBACH faßt dagegen **Kapital** im **bonitären** (güterwirtschaftlichen) Sinne als „**abstrakte Vorrätigkeit bestandsfähiger Wirtschaftsgüter auf**".[2]

Die Gesamtheit aller zur Verfügung stehenden Kapitalmittel wird als **Kapitalfonds** definiert. Dieser Kapitalfonds weist eine **konkrete** und eine **abstrakte** Seite auf. **Konkretes Kapital** meint die Form, in der das Kapital vorhanden ist, also ob es in **monetärer** Form oder in nicht geldlichen Gütern **investiert** vorliegt. Die **abstrakte** Seite des Kapitalfonds resultiert aus der Frage nach der **vertraglichen Bindung** an die Kapitalgeber. So wird der Kapitalfonds nach der Herkunft — der rechtlichen Bindung des Kapitals in **Eigen-** und **Fremdkapital** — unterschieden, je nachdem, ob die Kapitalgeber die rechtliche Stellung eines Mitgesellschafters (Eigenkapital) oder eines Gläubigers (Fremdkapital) innehaben.

Die konkreten Gegenstände einer Betriebswirtschaft bilden das **Vermögen**, das als bilanzielles Äquivalent zum Kapital gelten kann.

Passivseite der Bilanz   =   **Kapital** (Eigenkapital + Fremdkapital)

Aktivseite der Bilanz   =   **Vermögen** (Anlage- und Umlaufvermögen)

Das Vermögen zeigt an, welche konkrete Verwendung das Kapital im Betrieb gefunden hat (WÖHE)[3].

Nach der gewählten Definition von Kapital kann im Hinblick auf die Wirkung der Zahlungsströme auf das Kapital unterschieden werden zwischen **kapitalbindenden** und **kapitalfreisetzenden** Zahlungsströmen einerseits und zwischen **kapitalzuführenden** und **kapitalentziehenden** Strömen andererseits: **Kapitalbindende Zahlungsströme** sind **Ausgaben,** bei denen zu erwarten steht, daß sie in die Unternehmung **zurückfließen**, sei es über die marktliche Leistungserstellungsverwertung oder über die Rückzahlung aus Kapitalgewährung. Diese

---

[1]   vgl. dazu: **Preiser, E.,** Der Kapitalbegriff und die neuere Theorie, in: Die Unternehmung im Markt, Festschrift für W. Rieger, Stuttgart/Köln 1953, S. 16

[2]   vgl. dazu: **Schmalenbach, E.,** Kapital, Kredit, Zins in betriebswirtschaftlicher Beleuchtung, bearbeitet von R. Bauer, 4. Aufl., Köln/Opladen 1961, S. 37

[3]   vgl. dazu: **Wöhe, G.,** Einführung in die allgemeine Betriebswirtschaftslehre, 11. Aufl., München 1974, S. 61

Rückflüsse von Zahlungsströmen in die Betriebswirtschaft sind als **kapitalfreisetzende Einnahmen** aufzufassen. **Kapitalentziehende** Zahlungsströme sind **Ausgaben**, die den Bereich der Betriebswirtschaft endgültig **verlassen**. Zahlungsströme, die Einnahmen sind und der Betriebswirtschaft zusätzliches Kapital zuführen, bezeichnet man als **kapitalzuführende Einnahmen.** Zur Veranschaulichung sollen die wichtigsten konkreten kapitalbeeinflussenden Zahlungsströme in einer Graphik systematisch erläutert werden:

Zahlungsströme			
ausgabenrelevante		einnahmenrelevante	
kapitalbindende	kapitalentziehende	kapitalfreisetzende	kapitalzuführende
1. Ausgaben für die Beschaffung von Produktionsfaktoren einschließlich Fremdkapitalzinsen 2. Ausgaben infolge Kapitalüberlassung an andere Wirtschaftseinheiten (aktive Finanzierung) 3. Ausgaben für gewinnunabhängige Steuern (z.B. Vermögenssteuer, Kapitalertragsteuer)	1. Ausgaben infolge Eigenkapitalentnahme 2. Ausgaben für Fremdkapitaltilgung 3. Ausgaben für gewinnabhängige Steuern 4. Ausgaben für Gewinnausschüttung	1. Einnahmen aus der marktlichen Verwertung von Leistungen einschließlich der Zinsen für Kapitalüberlassung 2. Einnahmen aus Rückzahlungen im Rahmen aktiver Finanzierung 3. Einnahmen aus der marktlichen Verwertung nicht verzehrter Produktionsfaktoren	1. Einnahmen aus Eigenkapitaleinlagen 2. Einnahmen aus Fremdkapitalaufnahme

Abb. 2: Betriebswirtschaftliche Zahlungsströme[1]

Bedingt durch das **zeitliche Auseinanderfallen** von **Kapitalbindung** und **Kapitalfreisetzung** entsteht ein **Kapitalbedarf**, der gedeckt werden muß. Der erforderliche Deckungsvorgang wird als **Kapitalzuführung** bezeichnet. Diese betriebswirtschaftliche Funktion, die die Spanne zwischen Kapitalbindung und Kapitalfreisetzung überbrückt und zusätzlich die kapitalentziehenden Ausgaben abdeckt, wird als **Finanzierung im engeren Sinne** bezeichnet. Bevor auf die divergierenden Auffassungen über den Finanzierungsbegriff eingegangen werden soll, erscheint es zweckmäßig, an Hand des Schemas (Abb. 3) über die Zahlungsströme sich der Bereiche der Finanzierung zu vergegenwärtigen.

---

[1] Quelle: **Kappler, E./Rehkugler, H.,** Kapitalwirtschaft, in: Industriebetriebslehre — Entscheidungen im Industriebetrieb, Hrsg. E. Heinen, 2. Aufl., Wiesbaden 1972, S. 581

—— Finanzpolitik im weiteren Sinne ——

bonitär	monetär

einnahmenrelevante Entscheidungen
(= Finanzpolitik im engeren Sinne)

ausgabenrelevante Entscheidungen

I. kapitalzuführende Einnahmen
(= Finanzierung im engeren Sinne)
(= III − II + IV)

Rechtsstellung		Quelle	
fremd	eigen	innen	außen
	— Selbstfinanzierung		— Kapitalerhöhung (Aktienausgabe)
	a) freiwillige		
	b) zwangsweise		
	c) offen		— „Beteiligungsfinanzierung"
	d) still		
— Pensionsrückstellg.			— Fremdkapitalaufnahme
— Steuerverbindlichkt.			a) langfristig
— Belegschaftsobligationen			b) kurzfristig

III. kapitalfreisetzende Einnahmen
(= Finanzierung im weiteren Sinne bzw. Desinvestition)

— marktliche Verwertung von Leistungen

— Finanzierung aus Abschreibungen
(Lohmann-Ruchti-Effekt)

— Verwertung nicht verzehrter Produktionsfaktoren

II. kapitalentziehende Ausgaben
(= Definanzierung)

— Eigenkapitalentnahme

— Gewinnausschüttung

— Fremdkapitaltilgung

— gewinnabhängige Steuern

IV. kapitalbindende Ausgaben
(= Investition im weiteren Sinne)

— Beschaffung von Produktionsfaktoren

a) kurzfristig (Umlaufvermögen)

b) langfristig (Anlagevermögen)
(= **Investition im engeren Sinne**)

— gewinnunabhängige Steuern

Abb. 3: Schematische Übersicht der betrieblichen Zahlungsströme

1.3   DER FINANZIERUNGSBEGRIFF

Strengt man einen Vergleich über den von alternativen finanzwirtschaftlichen Autoren verwendeten Finanzierungsbegriff an, so wird man die Feststellung treffen müssen, daß nahezu so viele Definitionen wie Autoren zu verzeichnen sind. Dieser **Meinungspluralismus** resultiert erst in zweiter Linie aus einem unterschiedlichen Umfang der **Begriffsextension**; ausschlaggebend dürfte eine **uneinheitliche Interpretation des Kapitalbegriffs** sein. Demonstrativ sollen einige der wichtigsten Auffassungen genannt werden.

1.3.1   Klassischer Finanzierungsbegriff

Der **klassische Finanzierungsbegriff** sieht das Wesen der Finanzierung in der **Kapitalbeschaffung.** FISCHER faßt in diesem Sinne Kapital als „Größe der Verpflichtungen, die der Betrieb gegenüber dem Eigentümer und gegenüber Dritten besitzt als Gegenleistung für die Hergabe von Geld- und Sachwerten."[1] Die Kapitalbeschaffung berührt nach dieser Interpretation lediglich die **Passivseite** der Bilanz. Weitere Vertreter dieser Auffassung sind HAHN und LIEFMANN.

1.3.2   Bipolarer Finanzierungsbegriff

Einen **bipolaren** Ansatz wählt BECKMANN, die zwischen **aktiver** und **passiver Finanzierung** unterscheidet. „**Aktive Finanzierung** liegt dann vor, wenn man einer Betriebswirtschaft Mittel zur Verfügung stellt. **Passive Finanzierung** bedeutet grundsätzlich Hereinnahme von Kapital, wobei gleichfalls das Motiv primär nicht immer rein finanzieller Art zu sein braucht."[2] Unter **Kapital** soll hierbei der geldwertmäßige Inbegriff der einer Betriebswirtschaft zur Verfügung stehenden Produktionsmittel verstanden werden.

1.3.3   Bewegungsbilanzorientierter Finanzierungsbegriff

Dem klassischen Finanzierungsbegriff, der sich an der Beständebilanz orientiert, steht der **bewegungsbilanzorientierte** Finanzierungsbegriff gegenüber, der auf die Gegenüberstellung von **Mittelherkunft** und **Mittelverwendung** abstellt. Finanzierung wird definiert als **Kapitalaufbringung** und **Kapitaldisposition.** Als Kapital versteht HAX hierbei das **konkrete Geldkapital.**

1.3.4   Monetärer Finanzierungsbegriff

HEINEN, KÖHLER und SCHNEIDER als wesentliche Vertreter lösen sich von den rein bilanziellen Vorstellungen der früheren Finanzierungsbegriffe los und

---

[1] vgl. dazu: **Fischer, G.,** Allgemeine Betriebswirtschaftslehre, 10. Aufl., Heidelberg 1964, S. 259

[2] vgl. dazu: **Beckmann, L.,** Die betriebswirtschaftliche Finanzierung, 2. Aufl., Stuttgart 1956, S. 28 ff.

heben **monetäre** Aspekte hervor. KÖHLER definiert Finanzierung als „**Ge-samtheit** der Zahlungsmittelzuflüsse **(Einzahlungen)** und der beim Zugang nicht-monetärer Güter vermiedenen sofortigen Zahlungsmittelabflüsse **(Auszahlungen)**."[1]

SCHNEIDER postuliert: „Ein Finanzierungsvorgang ist durch einen Zahlungs-strom gekennzeichnet, der mit einer Einnahme beginnt."[2] Kapital ist Geld als Zahlungsmittelbestand.

Es bleibt festzuhalten, daß nach der modernen Finanzierungstheorie, die der weiteren Darstellung zugrunde gelegt werden soll, **Finanzierung die Gestaltung und Steuerung von Zahlungsströmen**, die zu kapitalzuführenden und kapitalfrei-setzenden Einnahmen führen, zum Ziele hat.

1.4   INVESTITION UND FINANZIERUNG

Wie bereits aus Abbildung 2 zu entnehmen war, werden die Einnahmen, die aus der Kapitalzuführung und Kapitalfreisetzung entstehen, für kapitalentziehende und kapitalbindende Ausgaben verwendet. Im weitesten Sinne kann also unter dem Begriff **Investition** die Bindung von Kapital verstanden werden. Investitionen und Finanzierungsvorgänge sind somit komplementäre betriebliche Funktionen. SCHNEIDER geht sogar noch weiter, wenn er sagt: „Investition und Finanzie-rung unterscheiden wir deshalb nur durch das Vorzeichen der ersten Zahlung, d.h. Investition und Finanzierung sind zwei Seiten ein und derselben Sache."

Investition wie auch Finanzierung orientiert sich am Kapital. Aus diesem Grunde werden beide Bereiche in der **Kapitalwirtschaft** zusammengefaßt:

Kapitalwirtschaft

Finanzierung   **Investition**
(Kapitalfreisetzung,   (Kapitalbindung)
Kapitalzuführung)

Die Kapitalwirtschaft ihrerseits tritt als übergeordnete betriebliche Funktion neben andere Bereiche wie Absatzwirtschaft, Lagerwirtschaft, usw.; Entschei-dungen, die im Kapitalbereich getroffen werden, bleiben nicht ohne Konsequen-zen für diese anderen Teilbereiche. Es muß also eine **Koordination der Ent-scheidungskonsequenzen**, wie sie aus Abb. 4 ersichtlich ist, erfolgen.

[1] vgl. dazu: **Köhler, R.,** Zum Finanzierungsbegriff einer entscheidungsorientierten Be-triebswirtschaftslehre, in: ZfB 7/1969, S. 435 ff.

[2] vgl. dazu: **Schneider, D.,** Investition und Finanzierung, 2. Aufl., Opladen 1971, S. 137

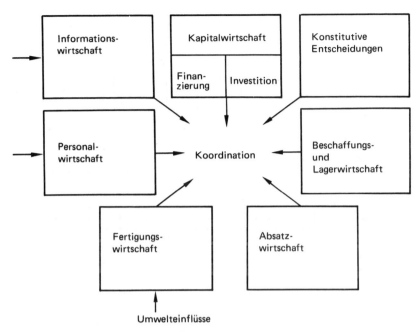

Abb. 4: Die betrieblichen Funktionen

Nach der Einordnung der Finanzierung in den Bereich der Betriebswirtschaftslehre und ihrer Definition gilt es nun, sich mit den Finanzierungsentscheidungen
zu befassen.

1.5 DER FINANZIERUNGSPROZESS IM LICHTE DES BETRIEBLICHEN KREISLAUFSCHEMAS

Es wurde gezeigt, daß der Leistungserstellungsprozeß sich als ein ständig wieder-
holender Kreislauf darstellt: Der dem Güterstrom entgegenfließende Geldstrom
versorgt den Güterstrom. Daß auch der **Finanzierungsprozeß** in diesen Kreislauf
eingebettet werden kann, soll im folgenden erläutert werden.

Am Beginn des Finanzierungsprozesses steht eine externe Kapitalzuführung. Die
zugeführten Kapitalmittel werden zur Beschaffung und Produktion verwendet,
also investiert. Über die marktliche Leistungsverwertung fließt der Kapitalstrom
wieder zurück in Investition oder Kapitalentziehung. Zur Veranschaulichung soll
das folgende Kreislaufschema dienen:

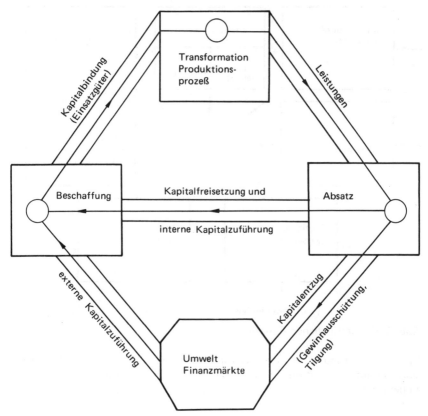

Abb. 5: Der Finanzierungsprozeßkreislauf

1.6 DAS PHASENSCHEMA DES FINANZIERUNGSENT-SCHEIDUNGSPROZESSES

Eine rationale Finanzierungsentscheidungsfindung vollzieht sich als ein Prozeß der Willensbildung. Die Gesamtheit aller Bemühungen, die eine Entscheidungsfindung zum Ziel haben, bezeichnet man als einen Entscheidungsprozeß. Somit ist es statthaft, den **Finanzierungsentscheidungsprozeß** analog zum allgemeinen Entscheidungsprozeß zu erklären, der sich in einzelne Folgen von Phasen zerlegen läßt:

(1) **Anregungsphase,**
(2) **Suchphase,**
(3) **Optimierungsphase.**

Zu Beginn des Entscheidungsprozesses steht die **Anregungsphase.** Aufgrund von Anregungs-, Initial- oder Impulsinformationen wird das Vorhandensein eines Entscheidungsproblemes erkannt. Die Problemursachen sind zu analysieren und zusätzliche Informationen über den Entscheidungstatbestand und Entscheidungszeitpunkt zu gewinnen; d.h. es wird die Feststellung getroffen, daß ein **Kapitalbedarf** vorliegt bzw. daß aufgrund eines oder mehrerer betriebswirtschaftlicher Ziele eine Kapitalzuführung oder Kapitalfreisetzung wünschenswert ist.

Der Anregungsphase schließt sich die **Suchphase** an. Das Suchverhalten konzentriert sich auf die Erfassung aller denkbarer Handlungsalternativen und der zu erwartenden Konsequenzen. Die Konsequenzen sind − soweit möglich − an Hand festzulegender Kriterien qualitativ und quantitativ zu beschreiben. Außerdem sind die nicht beeinflußbaren Daten festzustellen. Für den Finanzierungsentscheidungsprozeß heißt das, daß die in Frage kommenden Finanzierungsalternativen zu ermitteln sind und auf ihre Konsequenzen (Verschuldungsgrad, Liquidität, Haftung, usw.) zu untersuchen sind.

Hier wird die Problematik einer Finanzierungsentscheidung deutlich: Es ist zweifelhaft, ob es gelingt, sämtliche Handlungsalternativen zu erschöpfen, noch schwieriger dürfte es sein, alle Konsequenzen zu erfassen (Ungewißheit, Zeitmoment). In der anschließenden **Optimierungsphase** sind die zulässigen Alternativen mit Blick auf die zu erwartende Zielerreichung in eine Rangordnung zu bringen. Mit der Wahl derjenigen Alternative, die am besten der Zielsetzung entspricht, findet der Entscheidungsprozeß seinen Abschluß. Im Finanzierungsentscheidungsprozeß dienen hierzu die Finanzierungsregeln als Hilfsmittel zur Ermittlung einer **optimalen Kapitalstruktur.**

Das Element der Ausführung

Der Willensbildung im Entscheidungsprozeß nachgelagert ist die Willensdurchsetzung, d.h. die Verwirklichung der ausgewählten optimalen Alternative. Die Verwirklichung einer Finanzierungsentscheidung äußert sich in der Gestaltung und Steuerung eines spezifischen einnahmenrelevanten Zahlungsstromes.

Das Element der Kontrolle

Die Kontrolle bezieht sich auf sämtliche Phasen des Entscheidungsprozesses wie auch auf die Ausführung und Kontrolle selbst. Ihr Sinn liegt in der **Fehleraufdeckung** und **Fehlervermeidung,** sowie in der Möglichkeit, frühzeitig **Anpassungsmaßnahmen** einleiten zu können. Im Bereich der Finanzierungsentscheidung ist eine **permanente Kontrolle** der Finanzierungsentscheidungen im Rahmen der Finanzplanung unerläßlich.

Es ist darauf hinzuweisen, daß Entscheidungen im Finanzierungsentscheidungsprozeß wiederum Partialentscheidungsprozesse auslösen können. Insofern ist der Finanzierungsentscheidungsprozeß als ein **komplexer Entscheidungsprozeß** aufzufassen, der — wie Abb. 4 zeigt — alle Bereiche der Betriebswirtschaft tangiert.

Die Finanzierungsentscheidung selbst kann typisiert werden als eine Wahlhandlung, die die Ausgestaltung und Steuerung in Art und Breite eines die Unternehmung durchfließenden einnahmenrelevanten Zahlungsstromes festlegt.

Inhalt der Finanzierungsentscheidung ist vornehmlich die **Ermittlung** und **Deckung** des Kapitalbedarfs, wie auch das Erreichen einer optimalen Kapitalstruktur.

1.7 SYSTEMATISCHE DARSTELLUNG DER FINANZIERUNGSARTEN

Es soll der späteren ausführlichen Darstellung der alternativen Finanzierungsarten nicht vorgegriffen werden, jedoch erscheint es zweckmäßig, die Finanzierungsarten in einen Zusammenhang zu stellen und eine Kurzbeschreibung zu geben.

Eine Einteilung der Finanzierungsarten kann nach mehreren Kriterien erfolgen.

Bevor auf die einzelnen Gliederungsmöglichkeiten eingegangen wird, soll eine globale Darstellung der Finanzierungsarten vermittelt werden:

Abb. 6: Die Finanzierungsarten

1.7.1 Einteilung nach der Kapitalherkunft

Nach dem Kriterium Kapitalherkunft unterscheidet man zwischen

— **Außenfinanzierung** und

— **Innenfinanzierung.**

Außenfinanzierung liegt vor, wenn der Unternehmung zusätzliche Finanzmittel extern zugeführt werden. Dies kann auf zweierlei Arten geschehen: Die erste

Möglichkeit ist, daß die Eigentümer oder neue Gesellschafter Geldmittel als zusätzliche Einlagen zur Verfügung stellen; weiterhin können Geldmittel durch Kredite beschafft werden.

Innenfinanzierung liegt vor, wenn die Finanzmittel **innerhalb** der Unternehmung gebildet werden, sei es durch nicht ausgeschüttete Gewinne oder durch Finanzierungsvorteile aus Abschreibungen.

1.7.2 Einteilung nach der Rechtsstellung

Nach dem Kriterium der rechtlichen Zugehörigkeit des zugeführten und freigesetzten Kapitals unterscheidet man zwischen:

— **Eigenfinanzierung** und

— **Fremdfinanzierung.**

Eigenfinanzierung ist gleichbedeutend mit der Zuführung neuen Eigenkapitals, während Fremdfinanzierung gleichbedeutend ist mit der Zuführung neuen Fremdkapitals. Es sind noch andere Gliederungsmöglichkeiten denkbar, so wird z.B. verschiedentlich Eigenfinanzierung gleichgesetzt mit der Summe aus Beteiligungs- und Selbstfinanzierung.

Rechts-stellung ╲ Herkunft	Innenfinanzierung	Außenfinanzierung
Eigenfinanzierung	z.B. Selbstfinanzierung	z.B. Kapitalerhöhung durch Ausgabe von Aktien
Fremdfinanzierung	z.B. Belegschaftsobligationen, Pensionsrückstellungen	z.B. Fremdkapitalzuführung durch Ausgabe von Obligationen

Abb. 7: Systematisierung der kapitalzuführenden Ströme[1]

1.7.3 Die konkreten Finanzierungsarten

Die Einteilung der Finanzierungsarten nach den Kriterien der Kapitalherkunft (Innen-/Außenfinanzierung) und der Rechtsstellung der Kapitalgeber (Eigen-/Fremdfinanzierung) führt im eigentlichen Sinn nicht zu spezifischen Finanzie-

[1] Quelle: **Kappler, E./Rehkugler, H.,** Kapitalwirtschaft, a.a.O., S. 634

rungsarten, vielmehr sind sie als globale, **übergeordnete** Finanzierungsbegriffe zu verstehen. Als **konkrete** Finanzierungsarten, die ihrerseits wieder unterteilt werden, stehen dem Unternehmen zur Verfügung:

— **Fremd-/Kreditfinanzierung**

— **Beteiligungsfinanzierung**

— **Selbstfinanzierung**

— **Finanzierung aus freigesetztem Kapital**
   (= sonstige Formen der Innenfinanzierung)

Von **Fremdfinanzierung** oder **Kreditfinanzierung** spricht man, wenn die Geldmittel vom Unternehmen durch Kreditaufnahmen beschafft werden. Es ist darauf hinzuweisen, daß die Kreditaufnahme auch **im Unternehmen selbst** vollzogen werden kann (z.B. Rückstellungsbildung für Steuern und Pensionsverpflichtungen).

Als **Selbstfinanzierung** wird die Einbehaltung von Gewinnen — unabhängig davon ob sie ausgewiesen werden oder nicht (Bildung stiller Reserven) — bezeichnet.

Bei der Beteiligungsfinanzierung erwirbt der Kapitalgeber mit der Überlassung von Kapital an das Unternehmen ein Eigentumsrecht an dieser Unternehmung.

Die Finanzierung aus freigesetztem Kapital schließlich ist durch das Zurückbehalten von Aufwandsgegenwerten gekennzeichnet (z.B. Abschreibungsfinanzierung).

Nicht im Schema enthalten sind Sonderformen der Finanzierung, die konstitutionellen Charakter besitzen (z.B. Gründung, Sanierung). Auf diese Formen wird später noch einzugehen sein.

Kontrollfragen zu Abschnitt 1

1   *Skizzieren Sie kurz den betrieblichen Wertekreislauf und erläutern Sie, welche Konsequenz sich aus ihm für den Finanzierungsbereich ergibt!*

2   *Definieren Sie die Begriffe Geldstrom und Aufwand/Ertrag!*

3   *Welche Definitionen von Kapital kennen Sie und nach welchen Kriterien lassen sich diese einordnen?*

4   *Wie finden Kapital und Vermögen in der Bilanz ihren Ausdruck und welche Beziehungen bestehen zwischen Kapital und Vermögen?*

5   *Nennen Sie die kapitalrelevanten Zahlungsströme und bringen Sie diese in eine graphische Form nach dem Kreislaufschema mit den Koordinaten Absatz, Produktion, Beschaffung und Umwelt!*

6   *Welche Finanzierungsbegriffe sind Ihnen bekannt und worauf beruhen die Divergenzen in den Auffassungen?*

7   *Beschreiben Sie den Zusammenhang zwischen Investition und Finanzierung!*

8   *In welchen betriebswirtschaftlichen Rahmen läßt sich Finanzierung eingliedern?*

9   *Erläuterung Sie die Aktionen in der Suchphase des Finanzierungsentscheidungsprozesses und geben Sie konkrete Beispiele aus der Praxis!*

10 *Typisieren Sie die Finanzierungsentscheidung!*

11 *Welche Finanzierungsarten kennen Sie? Bringen Sie diese in eine richtige Anordnung!*

12 *Gliedern Sie die Finanzierungsarten nach den Kriterien Kapitalzuführung und Kapitalfreisetzung!*

13 *Worin bestehen die Gemeinsamkeiten und der Unterschied zwischen Eigen- und Selbstfinanzierung?*

14 *Beschreiben Sie die Fremdfinanzierung und vergleichen Sie Ihr Wissen mit Abbildung 6 über die Finanzierungsarten!*
    Was fällt Ihnen dabei auf?

15 *Als Eigenfinanzierung wird oft die Beteiligungsfinanzierung genannt. Welche andere Möglichkeit gibt es noch?*

2. FINANZPLANUNG

Die Aufgabe der Finanzplanung besteht darin, unternehmerische und finanzpolitische Entscheidungen zu treffen, die auf die

- **Erstellung und Korrektur von Finanzierungsplänen,** und
- **die Erhaltung und Verbesserung von Finanzierungsmöglichkeiten abstellen** (OETTLE).

Finanzpolitik ist determiniert von einer Reihe von Faktoren, die benachbarte Teilbereiche der Betriebswirtschaft betreffen. Insbesondere Fragen der **Investitionspolitik,** der **Produktionspolitik,** der **Beschaffungspolitik** und der **Absatzpolitik** gehen in großem Maße in die Finanzierungsentscheidungen ein. Der Finanzplanung kommt die Aufgabe zu, **Kapitalbedarf** und **Finanzierungsmöglichkeiten** des Betriebes im Hinblick auf die jeweiligen finanzwirtschaftlich und gesamtwirtschaftlich relevanten Unternehmensziele aufeinander abzustimmen.

Bei der Aufstellung, Durchführung und Kontrolle der Finanzplanung sind einige **allgemeine Planungsgrundsätze** zu berücksichtigen:

- **Grundsatz der Vollständigkeit**
- **regelmäßige Erstellung**
- **Beachtung der Wirtschaftlichkeit**
- **Elastizität der Planung**

Der Grundsatz der Vollständigkeit besagt, daß alle Daten zu erfassen sind, die die zu erwartenden Einnahmen und Ausgaben tangieren. Die Finanzpläne sollen regelmäßig erstellt werden, wobei Grundsätze der Wirtschaftlichkeit zu beachten sind. Da es sich bei der Finanzplanung um Plangrößen handelt, also um Größen, die nicht mit letzter Sicherheit im voraus bestimmt werden können, ist von der Finanzplanung zu fordern, daß sie sich einer veränderten Datenkonstellation anpassen kann und beweglich gehalten ist. Dabei ist auf eventuelle Engpaßbereiche zu achten. Schließlich sollte die Finanzplanung sowohl kurzfristig als auch mittelfristig und langfristig ausgerichtet sein.

Im einzelnen hat die Finanzplanung darüber zu befinden, in welchem Verhältnis Vermögens- und Kapitalstruktur zueinander stehen sollen, wie das vorhandene Kapital erneut eingesetzt werden soll, nachdem es wieder zu Geld geworden ist, ob die Kapitalstruktur im Hinblick auf seine Zusammensetzung in Eigen- und Fremdkapital verändert werden soll, ob und in welchem Umfang Selbstfinanzierung betrieben werden soll und schließlich welche Kapitalbeschaffungsgrenze fixiert wird. Ausgangspunkt der Überlegungen in der Finanzplanung ist der Kapitalbedarf.

2.1 KAPITALBEDARF UND SEINE ERMITTLUNG

2.1.1 Der Kapitalbedarf

Ein Kapitalbedarf tritt für die Unternehmung dann auf, wenn eine **zeitliche** und **betragsmäßige** Diskrepanz zwischen Ausgaben (Auszahlungen), die zu leisten sind, und Einnahmen (Einzahlungen) zu überbrücken ist.

Der Kapitalbedarf ist determiniert durch die **Höhe des Kapitalbetrages** und die **Fristigkeit der Kapitalbindung.**

Von welchen Faktoren im einzelnen Höhe und Dauer des Kapitalbedarfs abhängen, wird von den Autoren unterschiedlich beantwortet.

GUTENBERG nennt als Hauptdeterminanten des Kapitalbedarfs:[1]

(1)   **Prozeßanordnung**

(2)   **Prozeßgeschwindigkeit**

(3)   **Beschäftigungsgrad**

(4)   **Produktions- und Absatzprogramm**

(5)   **Betriebsgröße**

(6)   **Preisniveau**

Eine politische Einteilung nimmt OETTLE vor:[2]

(1)   **Unternehmensgegenstand**

(2)   **Unternehmungsgeschichte**

(3)   **Unternehmungsziele**

(4)   **Gegenwärtige und erwartete Lebensbedingung der Unternehmung** (Markt- und politische Faktoren)

(5)   **Richtungsweisende unternehmerische Entscheidungen**

Bei der Definition des Inhalts des Kapitalbedarfs treten Schwierigkeiten auf, da zu differenzieren ist zwischen **Brutto-** und **Nettokapitalbedarf.** Als **Bruttokapitalbedarf** bezeichnet man den Bedarf einer Unternehmung an Kapital, der zur Deckung der Ausgaben benötigt wird, unabhängig davon in welcher Höhe der Gesamtbedarf durch Einnahmen gedeckt ist. Als **Nettokapitalbedarf** bezeichnet man nur den Teil des Kapitalbedarfs, der noch durch Kapitalbeschaffung gedeckt werden muß.

---

[1]   vgl. dazu: **Gutenberg, E.,** Grundlagen der Betriebswirtschaftslehre, Band III, Die Finanzen, 6. Aufl., Berlin/Heidelberg/New York 1973, S. 12 ff.

[2]   vgl. dazu: **Oettle, K.,** Unternehmerische Finanzpolitik, Stuttgart 1966, S. 40 ff.

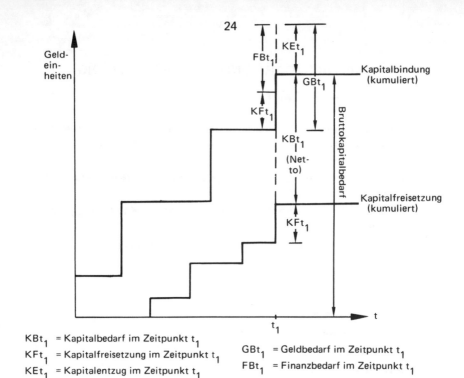

KBt$_1$ = Kapitalbedarf im Zeitpunkt t$_1$

KFt$_1$ = Kapitalfreisetzung im Zeitpunkt t$_1$

KEt$_1$ = Kapitalentzug im Zeitpunkt t$_1$

GBt$_1$ = Geldbedarf im Zeitpunkt t$_1$

FBt$_1$ = Finanzbedarf im Zeitpunkt t$_1$

Abb. 8: Graphische Ermittlung von Kapital-, Finanz- und Geldbedarf[1]

2.1.2   Die generelle Ermittlung des Kapitalbedarfs

Das finanzwirtschaftliche Rechnungswesen kennt drei Arten von **Kapitalbedarfsrechnungen**:

— den **Finanzplan**

— den **Kapitalbindungsplan und**

— den **täglichen Finanzstatus.**

Der Aufbau dieser Kapitalbedarfsrechnungen soll im folgenden erläutert werden. Vorangestellt werden soll aber das generelle Verfahren einer Kapitalbedarfsermittlung.

Dabei geht man von der Überlegung aus, daß es zweckmäßig ist, die Ausgaben aufzuteilen in Beträge, die für die Betriebsbereitschaft aufzuwenden sind, und in Beträge, die nach der gesicherten Betriebsbereitschaft die Durchführung des betrieblichen Leistungsprozesses ermöglichen.

---

[1]   Quelle: **Kappler, E./Rehkugler, H.**, Kapitalwirtschaft, a.a.O., S. 633

Die Aufwendungen für die erste Kategorie dienen der Zuführung des Anlagevermögens sowie der Gründung und Ingangsetzung der Unternehmung. Diese Ausgaben werden erst nach einem längeren Zeitraum aus den Erlösen wiedergewonnen, so daß auch das notwendige Kapital zu ihrer Finanzierung dauerhaft zur Verfügung stehen sollte. Für diesen Bereich spricht man von einem **Anlagekapitalbedarf.** Im Gegensatz hierzu werden die Ausgaben für die Durchführung des betrieblichen Leistungsprozesses, für die Beschaffung des Umlaufvermögens und anderer Dienstleistungen sofort in voller Höhe in den Produktpreis mit einkalkuliert und sie fließen in der Regel kurzfristig durch Verkaufserlöse in die Unternehmung zurück. Dennoch besteht auch für diesen Bereich ein Kapitalbedarf, der **Umlaufkapitalbedarf.**

Bei der Ermittlung des Kapitalbedarfs für das Anlagevermögen geht man üblicherweise von den jeweiligen Anschaffungskosten aus. In späteren Jahren zieht man die betriebsgewöhnliche Nutzungsdauer der einzelnen Gegenstände als Kriterien zur Anlagekapitalbedarfsermittlung heran, und bezieht diese auf entsprechende Wertgrößen.

Bei der Ermittlung des Umlaufkapitalbedarfs ist darauf zu achten, daß dem Umstand Rechnung getragen wird, daß die verschiedenen Beschaffungsgüter zu unterschiedlichen Zeiten und in unregelmäßigen Abständen Ausgaben verursachen. Insofern kann hier die wohl bekannteste Methode zur Ermittlung des Umlaufkapitalbedarfs, die sog. **Rieger'sche Faustregel**, nicht überzeugen. RIEGER[1] ermittelt den Umlaufkapitalbedarf aus dem Produkt aus

— **täglichem Werteinsatz mal Bindungsdauer.**

Der **tägliche Werteinsatz** ist als Summe der täglichen Ausgaben für Material, Fertigung, Verwaltung und Vertrieb zu begreifen. Unter **Bindungsdauer** ist die durchschnittliche Kapitalgebundenheit zu verstehen, also die Zahl der Tage, die bis zum Eingang der Verkaufserlöse verstreichen.

Eine befriedigende Methode zur Ermittlung sowohl des Umlaufkapitalbedarfs wie auch des Anlagekapital- und Gesamtkapitalbedarfs entwickelte LEHMANN[2]. Er errechnete den Kapitalbedarf (K) als **Summe** der Produkte aus den einzelnen **wertmäßigen Umsätzen des Betriebsprozesses** (U) und deren **Umsatzzeiten (T).** Es ergibt sich somit folgende Formel:

$$K = \sum_{i=1}^{n} U_i T_i$$

oder da Umsatz = Menge (M) mal Preis (P)

$$K = \sum_{i=1}^{n} M_i P_i T_i$$

[1] vgl. dazu: **Rieger, W.,** Einführung in die Privatwirtschaftslehre, 3. Aufl., Erlangen 1964, S. 160 ff.

[2] vgl. dazu: **Lehmann, M.R.,** Allgemeine Betriebswirtschaftslehre, 3. Aufl., Wiesbaden 1956, S. 242 ff.

Somit können drei Komponenten des Kapitalbedarfs ermittelt werden: **Güterumsatzmenge, Güterpreis** und **Umsatzdauer**. Als Veranschaulichung zu einer solchen Bedarfsermittlung soll ein Zahlenbeispiel von HAHN dienen:[1]

(I)   Jahresumsätze (in Währungseinheiten, WE)

     1. Werkstoffverbrauch
       a) Verbrauch zu Einstandspreisen   24 000
       b) Beschaffungskosten   1 600   25 600

     2. Löhne und Gehälter   30 000

     3. Dienstleistungen   8 100

     4. Abschreibungen (Betriebsmittelnutzung)
       a) auf Gebäude   1 000
       b) auf Maschinen   4 000
       c) auf Werkzeuge   1 300   6 300

     5. Herstellungskosten (1 + 2 + 3 + 4)   70 000

     6. Verwaltungs- und Vertriebskosten   43 000

     7. Selbstkosten (5 + 6)   113 000

     8. Kapitalgewinn   11 000

     9. Verkaufsumsatz (7 + 8)   124 000

(II)   Umsatzzeiten in Jahren

     1. Lebensdauer der Anlagen

       a) Grundstücke ∞
       b) Gebäude   20,00
       c) Maschinen   10,00
       d) Werkzeuge   5,00

     2. Lieferantenziel, 90 Tage   0,25

     3. Lagerdauer des Materials, 73 Tage   0,20

     4. Fertigungsdauer, 18 Tage   0,05

     5. Lagerdauer der Fertigprodukte, 36 Tage 0,10

     6. Kundenziel, 110 Tage   0,30

     7. Umschlagsdauer der Zahlungsmittel, 7 Tage 0,02

---

[1] vgl. dazu: **Hahn, O.**, Finanzwirtschaft, München 1975, S. 131 f.

Durch entsprechende Multiplikation von Umsatz und Nutzungsdauer erhält man die für den Betrieb erforderlichen Vermögenswerte, deren Summe den Bruttokapitalbedarf ergibt.

Im einzelnen ergibt sich folgendes Ergebnis:

Umsatzträger	(U) Jahresumsatz in WE	(T) Umsatzdauer in Jahren	(K) Kapitalbedarf in WE (U)x(T)
1. Grundstücke	0	∞	8 500
2. Gebäude	1 000	20,00	20 000
3. Maschinen	4 000	10,00	40 000
4. Werkzeuge	1 300	5,00	6 500
5. Anlagekapitalbedarf (1 + 2 + 3 + 4)			75 000
6. Werkstoff	25 600	0,20	5 120
7. Unfertige Erzeugnisse	47 800	0,05	2 390
8. Fertigerzeugnisse	70 000	0,10	7 000
9. Forderungen an Kunden	124 000	0,30	37 200
10. Kassenbestand	124 000	0,02	2 480
11. Umlaufkapitalbedarf − brutto − (6 + 7 + 8 + 9 + 10)			54 190
12. Gesamtkapitalbedarf − brutto − (5 + 11)			129 190
13. Lieferantenkredit (Zielinanspruchnahme)	24 000	0,25	6 000
14. Gewinn (in Forderungen und Kassenbeständen enthalten)	11 000	0,32	3 520
15. „Negativer" Umlaufkapitalbedarf (= aus dem Umsatzprozeß erfolgende Finanzierung) 13 + 14			9 520
16. Gesamtkapitalbedarf − netto − 12 ./. 15			119 670

Abb. 9: Kapitalbedarfsermittlung[1]

[1] Quelle: **Hahn, O.,** Finanzwirtschaft, a.a.O., S. 132

In der neueren Literatur findet sich die Darstellung einer **Kapitalbedarfsfunktion,** die auf SCHNEIDER[1] zurückgeht. Diese Funktion bedarf näherer Erläuterungen, die durch ein Beispiel verdeutlicht werden.

SCHNEIDER geht bei seiner Funktion von der Überlegung aus, daß in einer Periode eine Reihe von Teilprozessen den gesamten Produktionsprozeß bestimmen. Diese Teilprozesse beginnen nicht gleichzeitig, sondern sind zeitlich gestaffelt. Beispiel: Ein Brückenbauunternehmen beginnt in der Periode t_1 mit den Erdarbeiten an einer Autobahnbrücke, Ausgaben 20 000 Einheiten, in t_2 werden die Gerüstarbeiten in Angriff genommen, Ausgaben 15 000 Einheiten, in t_3 beginnen die Betonierungsarbeiten mit Ausgaben von 30 000 Einheiten und gleichzeitig die Erdarbeiten an einer Flußbrücke mit Ausgaben von 7 000 Einheiten, usw. Bei Gültigkeit gewisser Prämissen (Betrieb im Anlaufstadium, jede Produktionsstufe entspricht einem Tag, kontinuierliche Auslastung aller Produktionsstufen nach abgeschlossener Anlaufphase, keine zusätzlichen Auszahlungen in der Lagerphase) gelangt SCHNEIDER zu folgender Kapitalbedarfsfunktion:

$$\text{Kapitalbedarf (B)} = na_1 + (n-1)\,a_2 + \ldots + 2a_{n-1} + a_n$$

n = die Anzahl der während der Herstellungszeit eines Produktes begonnenen Fertigungsprozesse

a = die Höhe der Ausgaben auf jeder der n Produktionsstufen

Beispiel:

Prozeß Nr.	t_1	t_2	t_3	t_4	t_5	t_6	t_7	t_8	t_9	Zeit
1	30	40	30	105*						
2		30	40	30	105*					
3			30	40	30	105*				
4				30	40	30	105*			
5					30	40	30	105*		
6						30	40	30	105*	
7							30	40	30	
8								30	40	
9									30	

* = Einnahmen

[1] vgl. dazu: **Schneider, D.,** Investition und Finanzierung, a.a.O., S. 493 ff.

Bringt man die Formel zur Anwendung:

Nach der Definition ist n = 3 (3 Teilprozesse beginnen während der Herstellungszeit eines Fertigungsprozesses)

$$B = 3 \times 30 + 2 \times 40 + 1 \times 30 = 200$$

Kumuliert man nun in der Tabelle die Auszahlungen und Einzahlungen, so entsteht folgendes Bild:

Zeit	t_1	t_2	t_3	t_4	t_5	t_6	t_7	t_8	t_9
Kum. Ausz.	30	100	200	300	400	500	600	700	800
kum. Einz.	—	—	—	105	210	315	420	525	630
Kapital-Bedarf	30	100	200	195	190	185	180	175	170

Es ergibt sich also für die Periode t_1 ein Kapitalbedarf von 30 und für den Ge-
samtzeitraum ein Bedarf von 200 (nämlich der Spitzensatz). Die Funktion von
SCHNEIDER findet ihre Grenzen allerdings darin, daß sie auf gleichartige, ständig
wiederkehrende Teilprozesse abstellt. In der Praxis werden jedoch überwiegend
unregelmäßige und divergierende Teilprozesse zu verzeichnen sein. Insofern ist die
Funktion von SCHNEIDER zu modifizieren und in eine generalisierende Form zu
bringen. Danach ergibt sich der Gesamtkapitalbedarf eines Zeitraums aus dem Maximum der Kapitalbedarfe der einzelnen Teilperioden; die funktionalen Zusammenhänge soll Abb. 10 verdeutlichen.

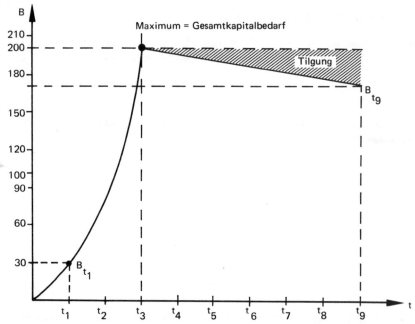

Abb. 10: Die Kapitalbedarfsentwicklung

a $\quad = \quad$ Ausgaben ./. Einnahmen in einer Periode

GB $\quad = \quad$ Gesamtkapitalbedarf

B_{t_i} $\quad = \quad$ Bedarf in den einzelnen Perioden, also B_{t_1}, B_{t_2}, . . ., B_{t_9}

$$B_{t_i} = \sum_{i=1}^{n} a_{t_i} \quad , \text{z.B. für } B_{t_3} = \sum_{i=1}^{3} \quad 30 + 70 + 100 = 200$$

Der Gesamtkapitalbedarf entspricht dem Wert des Periodenkapitalbedarfs mit dem höchsten Betrag, d.h. dem Maximum des Kapitalbedarfs der einzelnen Perioden; somit:

$$GB = \text{max. f } (B_{t_1}, B_{t_2}, . . ., B_{t_n})$$

2.2   DER FINANZPLAN

Der **Finanzplan** als eine der Kapitalbedarfsrechnungen ist eine Gegenüberstellung der geplanten Einzahlungen und Auszahlungen, wobei der Zahlungsmittelbestand im Zeitpunkt des Planbeginns den Einnahmen zugerechnet wird (WITTE)[1].

Die Aufgabe eines Finanzplans besteht darin, die Liquidität der Unternehmung in der unmittelbaren Zukunft zu sichern, indem er eine drohende Gefährdung der Liquidität ausweist.

2.2.1   Der Aufbau eines Finanzplans

Im Finanzplan werden die Zahlungsströme **mengenmäßig** und **zeitlich** aufeinander abgestimmt. Dabei wird eine gestaffelte Betrachtungsweise gewählt. Generell hat sich ein zwölf Monate umfassender Plan als am effizientesten erwiesen, wobei häufig die ersten drei Monate nochmals in Wochen und der erste Monat vereinzelt noch nach Tagen untergliedert ist. Der Finanzplan sollte konzipiert sein als ein **gleitender Zwölfmonatsplan**; d.h. nach Ablauf eines Monats wird die Planung auf den dreizehnten Monat erweitert. Den geplanten Zahlungsströmen der abgelaufenen Periode stellt man dann zweckmäßigerweise noch die realen Zahlungsströme gegenüber, um Abweichungen in der neuen Planung berücksichtigen zu können.

Der Finanzplan weist eine **Einnahmen-** und eine **Ausgaben**seite auf. Auf der Einnahmenseite sind die kapitalfreisetzenden und die kapitalzuführenden Zahlungsströme zusammengefaßt und ergänzt durch den Zahlungsmittelbestand. Auf der Ausgabenseite werden die kapitalbindenden Zahlungsströme (Investitionen) und die kapitalentziehenden Zahlungsströme ausgewiesen. Der Saldo aus Einnahmen und Ausgaben der jeweilig betrachteten Perioden bringt als finanzwirtschaftlich relevante Größe zum Ausdruck, ob ein Überschuß oder ein Fehlbetrag vorliegt. Während ein Fehlbetrag als Kapitalbedarf aufzufassen ist, der durch eine Finanzierungsentscheidung zu decken ist, können Überschüsse das Ziel von neuen kapitalbindenden Entscheidungen sein.

---

[1] vgl. dazu: **Witte, E.,** Die Finanzwirtschaft der Unternehmung, in: Allgemeine Betriebswirtschaftslehre in programmierter Form, Hrsg. H. Jacob, Wiesbaden 1969, S. 497 ff.

Art des Zahlungsstromes	Januar Soll				Januar		Februar Soll				
	1.Wo	2.Wo	3.Wo	4.Wo	Ist	±	1.Wo	2.Wo	3.Wo	4.Wo	
I. Zahlungsmittel- bestand											
II. Kapitalzuführen- de Einnahmen 1. Eigenkapital- erhöhung 2. Fremdkapital- aufnahme											
III. Kapitalfreisetzen- de Einnahmen 1. Umsatzein- nahmen 2. Rückflüsse aus aktiver Finan- zierung 3. sonstige Ein- nahmen											
Σ Einnahmen											
IV. Kapitalbindende Ausgaben 1. Beschaffung von Produktionsfak- toren 2. Ausgaben für ak- tive Finanzierung 3. Zinszahlungen 4. Gewinneutrale Steuern											
V. Kapitalentziehen- de Ausgaben 1. Eigenkapital- entnahme 2. Fremdkapital- rückfluß 3. Gewinnaus- schüttung 4. Gewinnsteuern											
Σ Ausgaben											
Fehlbetrag / Überschuß											

Abb. 11: Schema eines Finanzplans

Februar		März Soll				März		April			Mai		
Ist	±	1.Wo	2.Wo	3.Wo	4.Wo	Ist	±	Soll	Ist	±	Soll	Ist	±

2.2.2   Ableitung der spezifischen Plangrößen des Finanzplans

Der Finanzplan ist üblicherweise als ein **Vorschauplan** konzipiert; d.h. er hat die Aufgabe, die Entwicklung der künftigen Zahlungsströme, die den Betrieb durchlaufen, möglichst genau zu prognostizieren. Insofern ist der Betrieb auf Informationen angewiesen, die eine relativ exakte Bestimmung der Plangrößen sowohl in betragsmäßiger als auch in zeitlicher Hinsicht gewährleisten. Woher er diese Informationen bezieht und welche Hilfskriterien herangezogen werden, soll kurz erörtert werden.

2.2.2.1   Planung der Einnahmen

Bei der Planung der Einnahmen aus Umsatzerlösen ist die Finanzplanung auf Informationen aus dem Absatzbereich angewiesen. Die Schwierigkeiten bei der Planung konzentrieren sich auf die Ermittlung des Zahlungszeitpunkts bei Zielverkäufen. Für kleinere alltägliche Umsätze können hierbei Erfahrungsdurchschnittswerte über die zeitliche Differenz zwischen Umsatzakt und Zahlungseingang zugrundegelegt werden. Atypische Umsätze (z.B. Großaufträge mit überdurchschnittlichen Konditionen) sind getrennt zu betrachten. Barumsätze werfen hinsichtlich der zeitlichen Einordnung keine Probleme auf. Ihre betragsmäßige Ermittlung hängt allerdings von der Zuverlässigkeit der Umsatzplanung ab.

Einnahmen, die den Finanzierungsbereich betreffen, sind Gegenstand von Finanzierungsentscheidungen; Informationen über diese Einnahmen sind somit der Finanzplanung zu entnehmen. Die Finanzplanung ist hier also nicht auf Informationen aus anderen Betriebsbereichen angewiesen.

Die Planung der sonstigen Einnahmen ist sehr betriebsspezifisch und kann hier nicht generell beschrieben werden.

2.2.2.2   Planung der Ausgaben

Die Ausgabenseite läßt sich nach WITTE[1] untergliedern in:

(1)   Aufwandsausgaben
(2)   Ausgaben zur Beschaffung von Werkstoffen
(3)   Sonstigen Ausgaben
(4)   Reine Finanzausgaben
(5)   Anlageinvestitionen

Bei den diversen Aufwandsausgaben (z.B. Lohn- und Gehaltszahlungen, Sozialleistungen, Steuern, Gebühren, Werbeausgaben, etc.) ist die Planung relativ unproblematisch, da sie entweder in regelmäßigen Abständen anfallen oder ihrer Höhe nach bekannt sind. Die Daten sind von den betroffenen Unternehmensbereichen einzuholen.

---

[1]   vgl. dazu: **Witte, E.,** Die Finanzwirtschaft der Unternehmung, a.a.O., S. 521

Bei der Planung der Ausgaben für die Beschaffung von Werkstoffen ist wiederum auf die zeitliche Diskrepanz zwischen Lieferung und Rechnungsbegleichung bei Zieleinkäufen zu achten. Der Zeitpunkt der Rechnungsbegleichung hängt jedoch bei Zieleinkäufen weitestgehend von den Entscheidungen der eigenen Finanzabteilung ab und kann somit exakt bestimmt werden.

Die sonstigen Ausgaben und die reinen Finanzausgaben können direkt aus dem Finanzbereich abgeleitet werden, wobei die sonstigen Ausgaben sich auf betriebsfremde und außerordentliche Ausgaben beziehen und unter Finanzausgaben die Ausgaben für Eigenkapitalentnahme, Fremdkapitalentzug, Gewinnausschüttung, aktive Finanzierung und für Fremdkapitalzinsen subsumiert sind.

Bei der Planung der Ausgaben für Anlageinvestitionen ist eine betragsmäßig genaue und termingerechte Prognose über die Zahlungszeitpunkte anzustreben. Besonderes Augenmerk ist auf die **Sekundärinvestitionen** zu legen, da Anlageinvestitionen häufig weitere Anlagebeschaffungen induzieren (die Anschaffung einer neuen Datenverarbeitungsanlage macht beispielsweise bauliche Veränderungen nötig, das Stromnetz muß verstärkt werden, Klimaanlagen müssen installiert werden, usw.), d.h. es müssen alle denkbaren Konsequenzen quantitativ und termingerecht erfaßt werden. Im übrigen kann bei Ermittlung der Plangrößen auf die generelle Ermittlung des Kapitalbedarfs in Abschnitt 2.1 verwiesen werden.

2.2.3   Leistungspotential des Finanzplans

Jeder Finanzplan ist nur so gut wie es die Reliabilität und Validität der Plangrößen zulassen. Die Güte der Plangrößen ihrerseits hängt wieder von der Genauigkeit der einzelnen Detailpläne, wie Einkaufsplan, Personalplan, Werbeplan usw. ab. Bei sorgfältiger Planung gibt der Finanzplan darüber Auskunft, ob für den Zeitraum der nächsten zwölf Monate die Liquidität der Unternehmung im Monatsschnitt gewährleistet ist. Diese Formulierung läßt schon implizit einen Nachteil des Finanzplans erkennen: Der Finanzplan sagt nichts darüber aus, ob die **Liquidität** auch an jedem einzelnen Tag gewährleistet ist. Dieses Argument gewinnt an Bedeutung, wenn man konstruiert, daß die Ausgaben am Monatsanfang anfallen und die Einnahmen am Monatsende. In diesem Fall kann zwar im Monatsschnitt die Liquidität gewährleistet sein, aber am Monatsanfang Illiquidität eintreten.

Durch die Ermittlung einer **Unterdeckung** (Fehlbetrag) oder **Überdeckung** (Überschuß) ist die Finanzabteilung in der Lage, finanzpolitische Entscheidungen in Form von Anpassungsentscheidungen zu treffen. Bei drohender Unterdeckung muß das Unternehmen versuchen, die auftretende Deckungslücke spätestens bis zur Erreichung des Prognosezeitpunkts zu schließen, da sonst Zahlungsunfähigkeit auftritt. Bei geplanter Überdeckung würde der Überschuß brach liegen; also ist das Unternehmen bemüht, Überschüsse nutzbringender anzulegen, sei es durch Finanzdispositionen oder Investitionen.

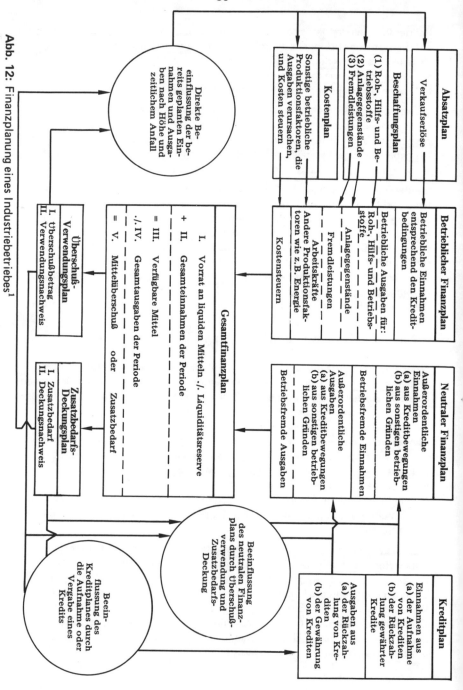

Abb. 12: Finanzplanung eines Industriebetriebes[1]

[1] Quelle: **Vormbaum, H.,** Finanzierung der Betriebe, 3. Aufl., Wiesbaden 1974, Anhang

Schließlich gibt der Finanzplan Auskunft darüber, inwieweit Planungslücken zwischen den einzelnen Detailplänen auftreten bzw. welchen finanzwirtschaftlichen **Realisationsgrad** die einzelnen Detailpläne aufweisen.

Ist eine Korrektur des Finanzplans aufgrund einer festgestellten Über-/Unterdeckung, der Verfügbarkeit über neue Daten oder einer festgestellten Soll-/Ist-Abweichung erforderlich geworden, so stehen grundsätzlich zwei Methoden zur Verfügung: Eine **Neuplanung** des gesamten Finanzplans (Vorteil: Komplexe Neudisposition mit neuesten Daten. Nachteil: Hoher Aufwand) oder eine partielle Regulierung einzelner Plangrößen als **gleitende Korrektur** (Vorteil: Geringerer Aufwand. Nachteil: Gefahr der Vernachlässigung von Folgekonsequenzen).

2.3 DER KAPITALBINDUNGSPLAN

Als zweite Kapitalbedarfsrechnung steht der **Kapitalbindungsplan** zur Verfügung. Seine Aufgabe ist es, den **langfristigen** Kapitalbedarf für das Planjahr und folgende Planjahre auszuweisen und zu untersuchen, ob das für die Gegenwart unterstellte **Gleichgewicht von Investition und Finanzierung** auch in der geplanten Zukunft gesichert ist.

2.3.1 Der Kapitalbindungsplan in seinem Aufbau

Der Planungszeitraum umfaßt ein Jahr; es erfolgt keine Unterteilung in Monate, Wochen (Finanzplan) oder Tage (Finanzstatus). Strukturell weist der Kapitalbindungsplan die Form einer **geplanten Bewegungsbilanz** auf: Es werden nicht Bestände untersucht, sondern die voraussichtlichen **Bestandsveränderungen** finanzwirtschaftlich relevanter Zahlungsströme.

Auf der Aktivseite werden die kapitalbindenden Zahlungsströme (Investition) und die kapitalentziehenden Zahlungsströme (Definanzierung), die im nächsten Jahr zu erwarten sind, zusammengefaßt in der Position **Kapitalverwendung.** Auf der Passivseite bilden die beabsichtigten und die geplanten kapitalzuführenden Zahlungsströme (Finanzierung im engeren Sinne) und die kapitalfreisetzenden Zahlungsströme (Finanzierung im weiteren Sinne oder Desinvestition) die Position **Kapitalherkunft.**

Das **Prinzip der Fristentsprechung** scheint beim Kapitalbindungsplan auf den ersten Blick nicht gewahrt (Fristentsprechung = fristgerechte Entsprechung von Investition und Finanzierung), da der Kapitalbindungsplan nicht zwischen verschiedenen Fristigkeiten differenziert. Dies ist jedoch gesichert, wenn die fortgesetzte Reihe der Kapitalbindungspläne so weit in die Zukunft reicht, wie die langfristige Wirkung der geplanten Investitionen.

Eine Unterform des Kapitalbindungsplans stellt der konsolidierte Kapitalbindungsplan von Konzernen dar. In ihm werden die einzelnen Kapitalbindungspläne der angeschlossenen Unternehmensbereiche zusammengefaßt, um einen Überblick über die Konzernlage zu gewinnen.

Kapitalbindungsplan vom 1.1.1975 – 31.12.1975	
Kapitalverwendung	Kapitalherkunft
I. Kapitalbindende Ausgaben (Investition)	III. Kapitalzuführende Einnahmen (Finanzierung im engeren Sinne)
II. Kapitalentziehende Ausgaben (Definanzierung)	IV. Kapitalfreisetzende Einnahmen (Finanzierung im weiteren Sinne, Desinvestition)
	Fehlbetrag / Überschuß

Abb. 13: Schema eines Kapitalbindungsplans

2.3.2   Aussagefähigkeit eines Kapitalbindungsplans

Der Kapitalbindungsplan soll zeigen, ob im Jahreszeitraum der geplante Kapitalbedarf durch die Finanzierung gedeckt ist. Tritt ein Fehlbetrag auf, so kann das Unternehmen wählen, ob es sich zusätzliches Kapital beschaffen soll oder ob es das Investitionsvolumen reduzieren soll, während bei einem Überschuß weitere Investitionen oder Kapitalentziehung in Frage kommen.

Relativ wenig sagt der Kapitalbindungsplan über die Sicherung der **Liquidität** aus, da Liquidität an jedem Tag gewährleistet sein muß. Jedoch kann aus dem Kapitalbindungsplan geschlossen werden, ob langfristig ein Gleichgewicht zwischen Einnahmen und Ausgaben besteht, und daß keine strukturelle Verzerrung zwischen Kapitalbedarf und seiner Deckung existiert.

Im Falle des konsolidierten Kapitalbindungsplans ist es nicht erforderlich, daß alle Kapitalbindungspläne in sich gedeckt sind. Wichtig ist nur, daß der konsolidierte Kapitalbindungsplan ausgeglichen ist.

2.4   DER TÄGLICHE FINANZSTATUS

Als dritte Kapitalbedarfsrechnung ist noch der tägliche **Finanzstatus** zu nennen, der allerdings nur untergeordnete Bedeutung hat, da er nur sehr kurzfristige Aussagen über die Finanzierung gestattet. Der tägliche Finanzstatus gibt Aufschluß darüber, ob an einem Tag ein akuter Fehlbetrag zu verzeichnen ist und welche Mittel zur Deckung aufzubringen sind.

WITTE umreißt die **Zwecke** des **täglichen Finanzstatus:**[1]

- Feststellung der gegenwärtigen Zahlungsfähigkeit bzw. Auflösung von Notfinanzierungsmaßnahmen zur Sicherung der gegenwärtigen Zahlungsfähigkeit,

- Lenkung der Zahlungsströme über die einzelnen Zahlungswege (Barzahlung, Überweisung, Scheck),

- Anlegung überflüssiger Mittel,

- Kontrolle der betrieblichen Abteilungen, die Ausgaben und Einnahmen verursachen.

TÄGLICHER FINANZSTATUS

zum 1.12.1975

Alle Angaben in Tausend DM	Guthaben (1)	Kredit Ist (2)	Kredit- linie (3)	Zahlungs- kraft (1)+(3)./.(2)
Barbestand	5	–	–	5
Postscheck und LZB	8	–	–	8
Bank 1	5	0	34	39
Bank 2	0	4	39	35
. . .	.	.	.	.
. . .	.	.	.	.
Bank n	0	16	64	48
Schecks und Wechsel	4	–	–	4
Σ Zahlungskraft	22	20	137	139

Personalausgaben	48
Zahlungen an Lieferanten	19
Steuerausgaben	12
Sonstige Ausgaben	3
. . .	.
. . .	.
Σ Ausgaben	82

Überschuß (+) /Fehlbetrag (–) (Zahlungskraft ./. Ausgaben)	+ 57

Abb. 14: Aufbau und Inhalt des täglichen Finanzstatus

[1] vgl. dazu: **Witte, E.**, Die Finanzwirtschaft der Unternehmung, a.a.O., S. 517 ff.

Kontrollfragen zu Abschnitt 2

1 Nennen Sie die Aufgaben der Finanzplanung!

2 Durch welche Größen ist der Kapitalbedarf determiniert und von welchen Faktoren wird seine Struktur beeinflußt?

3 Erklären Sie die Unterschiede zwischen Geldbedarf, Finanzbedarf und Kapitalbedarf!

4 Welche Verfahren zur Ermittlung des Kapitalbedarfs kennen Sie und welche Ansatzpunkte einer Kritik ergeben sich daraus?

5 Wie lautet die Rieger'sche Faustregel?

6 Welchen praktischen Wert hat die Kapitalbedarfsfunktion von D.SCHNEI-DER?

7 Worin liegen die Schwierigkeiten bei der Erstellung eines Finanzplans?

8 Wie kann eine konstante Weitsicht der Finanzplanung durch den Finanzplan gewährleistet werden?

9 Wie kann der Finanzplan an veränderte Datenkonstellationen angepaßt werden?

10 Vollziehen Sie den Zusammenhang zwischen Gesamtfinanzplan und Detailplänen nach und erläutern Sie an Hand des Schemas den Anpassungsmechanismus!

11 Skizzieren Sie den strukturellen Aufbau des Kapitalbindungsplans!

12 Nennen Sie die Zwecke des täglichen Finanzstatus!

13 Welches Verhältnis haben Finanzplan, Kapitalbindungsplan und täglicher Finanzstatus zur Liquiditätssicherung?

14 Erläutern Sie die Komplementarität der drei Kapitalbedarfsrechnungen!

15 Was unterscheidet den Kapitalbindungsplan von einer Bewegungsbilanz?

16 Definieren Sie Brutto- und Nettokapitalbedarf!

3. FINANZIERUNGSFORMEN

In der Literatur werden im Rahmen der Abhandlung der Finanzierungsalternativen die unterschiedlichsten Einteilungen der Alternativen vorgenommen. Um sich der Zusammenhänge zu vergegenwärtigen, sei noch einmal das Studium der Abb. 6 auf Seite 18 über die Systematisierung der Finanzierungsarten angeraten. Am häufigsten finden sich in der Literatur die Differenzierungen zwischen

- **Eigenfinanzierung**

- **Selbstfinanzierung**

- **Fremdfinanzierung** (VORMBAUM, WITTE)

oder

- **Außenfinanzierung**

- **Innenfinanzierung** (HEINEN, STÖRRLE)

Eine modifizierte Einteilung der ersten Möglichkeit, die sich an den konkreten Finanzierungsarten anlehnt, sollte der Übersichtlichkeit dienen. Es werden im folgenden die Finanzierungsarten unter den Oberbegriffen

(3.1) — **Eigenfinanzierung** (Beteiligungsfinanzierung und Selbstfinanzierung)

(3.2) — **Finanzierung aus freigesetztem Kapital**
und

(3.3) — **Fremdfinanzierung**

zusammengefaßt.

3.1 DIE EIGENFINANZIERUNG

Eigenfinanzierung liegt vor, wenn der Unternehmung von ihren Eigentümern zusätzliches Eigenkapital zugeführt wird (**Beteiligungsfinanzierung**) oder Gewinne nicht ausgeschüttet werden (**Selbstfinanzierung**).

3.1.1. Die Beteiligungsfinanzierung

Da die Modalitäten der Beteiligungsfinanzierung von der **Rechtsform** der Unternehmung abhängen, wird diese Finanzierungsform getrennt nach Rechtsformen darzustellen sein. Von einer Beteiligungsfinanzierung kann gesprochen werden, wenn der Unternehmung durch ihre Eigentümer oder Gesellschafter zusätzliches Kapital in Form von Bareinlagen, Verfügungsgewalt über Barmittel oder von Sacheinlagen von **außen** zugeführt werden. Gemeinsam ist allen Formen der Beteiligungsfinanzierung, daß die Kapitalgeber zusätzliche Rechte (aber auch teilweise Pflichten) an der Unternehmung erwerben, wie z.B. Erhöhung der Gewinnbeteiligung, Stimmrechte, Leitungsbefugnisse, Vorzugsrechte – aber auch Haftungsrisiko, Verlustbeteiligung.

Die Möglichkeiten der Beteiligungsfinanzierung sind jedoch nicht ausschließlich von der Rechtsform determiniert. Weitere Bestimmungsfaktoren können gesehen werden in:

- **Unternehmensgröße**
- **Situation auf dem Kapitalmarkt**
- **Zinsbelastung**
- **Risiko**

Bei der Wahl der Beteiligung stehen folgende generelle Rechtsformen zur Verfügung:

A. Personenbezogene Unternehmen
1. Einzelunternehmung
2. Personengesellschaften
   - (a) Stille Gesellschaft
   - (b) Offene Handelsgesellschaft (OHG)
   - (c) Kommanditgesellschaft (KG)
   - (d) Gesellschaft des bürgerlichen Rechts

B. Kapitalgesellschaften
1. Gesellschaft mit beschränkter Haftung (GmbH)
2. Aktiengesellschaft (AG)

C. Sonderformen
GmbH & Co KG
KG auf Aktien (KGaA)
Genossenschaft
Stiftung

Die Kriterien, die bei der Wahl der Rechtsform in die konstitutive Entscheidung einfließen (Ausmaß der Leitungsbefugnisse, Haftung und Risiko, Gewinnverwendung, Kapitalbeschaffungsmöglichkeiten, Steuerbelastung, Informationspflichten und allgemeiner Rechtsformaufwand[1]), gehen auch in die Beteiligungsfinanzierungsentscheidung ein. Die Konsequenzen, die sich aus der Beteiligung an einer Unternehmung an Hand dieser Kriterien ergeben, sollen im Anschluß durch einen systematischen Vergleich einer Beteiligungsentscheidung bei den alternativen Rechtsformen: A. Personenbezogene Unternehmen, B. Aktiengesellschaft und C. GmbH gezeigt werden. Dabei wird auf ein Schema von SANDIG zurückgegriffen, das einen ziemlich umfassenden Einblick vermittelt.[2] Das Hauptaugenmerk liegt hierbei auf einer kapitalorientierten Betrachtungsweise.

[1] vgl. dazu: **Chmelik, G./Kappler, E.**, Konstitutive Entscheidungen, in: Industriebetriebslehre – Entscheidungen im Industriebetrieb, Hrsg. E. Heinen, 2. Aufl., Wiesbaden 1972, S. 80

[2] vgl. dazu: **Sandig, C.**, Finanzen und Finanzierung der Unternehmung, Stuttgart 1968, S.41ff.

	A. Einzelfirma und Personengesellschaften	B. Aktiengesellschaft	C. GmbH
(1) Leitung	Leitung durch Unternehmerpersönlichkeiten, Einheit von Kapitalaufbringung und Leitung, die unternehmerischen Interessen stehen im Vordergrund.	Vorstand ist Angestellter, Kapitaleigner stellen Aufsichtsrat als Überwachungsorgan. Grundsätzlich Trennung von Kapitalaufbringung und Leitung. Mitunter dominieren Kapitalinteressen.	Teilweise wie bei Personengesellschaften, teilweise wie bei Aktiengesellschaften. Aufsichtsrat fakultativ oder durch Betriebsverfassungsgesetz verlangt.
(2) Charakterisierung der leitenden Persönlichkeiten	Die Gründer, deren Nachfolger, meist deren Erben, bestimmen durch ihre persönlichen Eigenschaften die Qualität der Betriebsführung. Ungeeignete können nicht ausgeschlossen werden.	Der Vorstand wird aus den geeignetsten Persönlichkeiten ausgewählt. Der Vorstandsvertrag lautet auf 5 Jahre und wird bei Bewährung verlängert.	Familien-GmbH, wie Personengesellschaften, sonst wie bei Aktiengesellschaften. Keine gesetzliche Begrenzung der Vertragsdauer.
(3) Stellung der Gesellschafter zur Gesellschaft	Beständigkeit der Inhaberschaft. Der Wechsel ist erschwert. Bei Auflösung der Gesellschaft ist Bewertung der Unternehmung als Ganzes meist notwendig.	Mitunter fluktuierendes Eigentum (Handel über die Börse, fortlaufende Bewertung der Unternehmung durch die Börse). Meist umfangreicher fester Besitz (Majorität oder Sperrminorität, aber Mehrheiten können wechseln).	wie bei Personengesellschaften
(4) Kreditbasis	Kreditfähigkeit und Kreditwürdigkeit der Personen bilden die Basis, Personalkredit möglich.	Die vorhandenen materiellen Sicherheiten bilden die Basis. Der Realkredit steht voran.	wie bei Aktiengesellschaften
(5) Die Stellung zur Öffentlichkeit	Ausschluß der Öffentlichkeit	Publizität, Veröffentlichungszwang für den Jahresabschluß und den Geschäftsbericht. Die Presse berichtet.	wie bei Personengesellschaften
(6) Stellung zum Kapitalmarkt	kein Zugang	Mobilisierte Kapitalanteile. Emission von Aktien und Teilschuldverschreibungen. Börsenzulassung auf Grund eines Prospekts.	Grundsätzlich kein Zugang. Zugang nur bei freiwilliger Publizität wie bei Aktiengesellschaften.
(7) Abhängigkeit der Unternehmung von Zufälligkeiten	Bindung an das Schicksal der Unternehmerpersonen. Häufig Untergang der Unternehmung bei Tod des Inhabers.	Keinerlei Personengebundenheit.	Meist wie bei Aktiengesellschaften. In Einzelfällen wie bei Personengesellschaften.

44

	A. Einzelfirma und Personengesellschaften	B. Aktiengesellschaft	C. GmbH
(8) Ausübung der Herrschaftsrechte	Bei der OHG auf Grund des HGB: Abstimmung nach Köpfen. Der Gesellschaftsvertrag wird meist die Kapitalanteile als maßgebend bestimmen. Grundsätzlich Beschränkung für die Kommanditisten.	Kapitalmehrheit gilt (einfache oder qualifizierte Mehrheit, daneben Minderheitenrechte).	Kapitalmehrheit gilt.
(9) Gewinnausschüttung	Gutschrift des gesamten Gewinnes auf Kapitalkonto, aber Möglichkeit zur Bildung fester Kapitalkonten. Daneben bewegliche Kapitalkonten ohne Stimmanspruch, meist mit fester Verzinsung. Nicht abgehobene Gewinne von Kommanditisten bilden Darlehen an die Gesellschaft.	Ausschüttung (grundsätzlich mindestens 50% des erzielten Jahresüberschusses) des verteilungsfähigen Reingewinnes. Dividendenpolitik ist möglich, aber offener Ausweis der Bildung und Auflösung von Rücklagen (ab 1967).	Ausschüttung des verteilungsfähigen Reingewinnes. Nichtausschüttung führt zu Rücklagenbildung. Ausgeschüttete, aber nicht abgehobene Gewinnanteile bilden Darlehen der Gesellschafter an die GmbH.
(10) Kapitalerhöhung aus dem Betrieb heraus	Erhöhung des Kapitals durch Gewinngutschrift, mitunter durch vertragliche Begrenzung der Entnahmen.	Erhöhung des Eigenkapitals durch Verwendung des nicht ausgeschütteten Gewinnes zur Bildung von Rücklagen.	Erhöhung des Eigenkapitals durch Verwendung des nicht ausgeschütteten Gewinnes zur Bildung von Rücklagen.
(11) Kapitalerhöhung von außerhalb des Betriebes	Durch neue Einzahlungen der Gesellschafter, durch Aufnahme neuer Gesellschafter.	Kapitalerhöhung durch Ausgabe junger Aktien mit gesetzlichem Bezugsrecht der alten Aktionäre.	Kapitalerhöhung durch Änderung der Höhe der Stammanteile oder durch Eintritt neuer Gesellschafter.
(12) Besteuerung	Einkommensbesteuerung bei den einzelnen Personen gleichviel, ob der besteuerte Gewinn (aus Gewerbebetrieb) in der Unternehmung verbleibt oder aus ihr entnommen wird.	Körperschaftsteuer: erhöhter Satz für nicht ausgeschüttete Gewinne, niedriger Satz für Gewinnausschüttung. Doppelbesteuerung der ausgeschütteten Gewinne, da diese bei den Empfängern der Einkommensbesteuerung (aus sog. Kapitalvermögen) unterliegen.	wie bei Aktiengesellschaften

Abb. 15: Rechtsformvergleich[1]

[1] Quelle: **Sandig, C.,** Finanzen und Finanzierung der Unternehmung, a.a.O., S. 41 - 43

3.1.1.1 Die Beteiligung an personenbezogenen Unternehmen

Den höchsten Grad des Beteiligtseins findet man beim **Einzelunternehmer**. Der Inhaber der Einzelunternehmung ist in der Lage — ohne Rücksicht auf rechtliche Begrenzungen — das in die Unternehmung eingeschossene Eigenkapital durch weitere Einlagen zu erhöhen oder durch Privatentnahmen zu vermindern. Betriebliche Gewinne und Verluste werden direkt mit dem Eigenkapital verrechnet. Der theoretisch freien Disposition über die Höhe und Gestaltung der Beteiligung an der Einzelunternehmung stehen jedoch wirtschaftliche Beschränkungen gegenüber. Zum einen können übermäßig hohe Entnahmen den Betriebsprozeß ganz empfindlich beeinträchtigen, zum anderen stehen dem Inhaber der Einzelunternehmung in der Regel nicht unbegrenzt Mittel zur Erhöhung des Eigenkapitals zur Verfügung. Eine natürliche Beschränkung der Disposition liegt schließlich in der Haftung begründet, die bei der Einzelunternehmung auch auf das Privatvermögen ausgedehnt ist.

Will ein Einzelunternehmen einen vorhandenen Kapitalbedarf durch Eigenkapitalbeschaffung decken und dabei seine Rechte wahren, so empfiehlt sich die Beteiligung eines **stillen Gesellschafters**. Die stille Gesellschaft ist dadurch gekennzeichnet, daß die Einlage des stillen Gesellschafters in das Vermögen der Unternehmung übergeht, wobei der stille Gesellschafter am Gewinn beteiligt wird und einen Anspruch auf Rückzahlung der geleisteten Einlage inne hat (**typischer** stiller Gesellschafter). Besitzt ein stiller Gesellschafter über die Ansprüche des typischen Gesellschafters hinaus Anspruch auf Anteile der stillen Reserven und des Firmenwerts, so spricht man von einem **atypischen** stillen Gesellschafter. Im Außenverhältnis gilt der stille Gesellschafter als **Gläubiger**. Somit ist er nicht konkursfähig.

Mit der formellen Beteiligung an einer **offenen Handelsgesellschaft** ist der Gesellschafter einer persönlichen Vollhaftung unterworfen. Wenn im Gesellschaftsvertrag nichts anderes bestimmt wurde, sind alle Gesellschafter zur Einlage gleich hoher Beträge verpflichtet. Als Gewinnanteil werden 4 % des jeweiligen Kapitalanteils zugrundegelegt. Der Rest wird nach Köpfen verteilt. Durch die Vollhaftung der Gesellschafter weist die OHG eine **relativ hohe Kreditwürdigkeit** auf. Dagegen ist die **Eigenkapitalbeschaffung** durch einen erschwerten Zugang zum Beteiligungskapitalmarkt behindert.

Bei der Beteiligung an einer **Kommanditgesellschaft** stehen grundsätzlich zwei Alternativen zur Verfügung (sieht man von der stillen Gesellschaft ab): Entweder die **Beteiligung als Komplementär**, der persönlich mit seinem ganzen Vermögen haftet, oder als **Kommanditist**. In diesem Fall ist die Haftung auf die Höhe der Beteiligung beschränkt, die in das Handelsregister eingetragen wurde und nicht auf die Höhe der eingezahlten Beteiligung. Die Gewinnanteile der Kommanditisten werden als Auszahlungsverpflichtungen ausgewiesen, wenn die Einlage voll einbezahlt wurde. Bei nicht voll einbezahlter Einlage können die Gewinne dem Kapitalkonto gutgeschrieben werden, ebenso werden Verluste direkt vom

Kapitalkonto abgebucht. Für die Komplementäre gilt das gleiche wie bei der Behandlung der Gesellschafter der OHG. Die KG erreicht aufgrund der Haftungsbeschränkungen nicht die **Kreditwürdigkeit** einer OHG, ist jedoch bei der Suche nach neuen Eigenkapitalgebern bevorzugt, da die Haftung auf die Einlage beschränkt werden kann und keine tätige Mitarbeit erforderlich ist.

3.1.1.2 Die Beteiligung an Kapitalgesellschaften

Die **Eigenkapitalbeschaffung** von außen ist in der Regel für Kapitalgesellschaften unproblematischer als für Personengesellschaften.

„Die **Aktiengesellschaft** ist eine Gesellschaft mit eigener Rechtspersönlichkeit, für deren Verbindlichkeiten nur das Gesellschaftsvermögen haftet. Als eigene Rechtspersönlichkeit ist sie Eigentümerin des Gesellschaftsvermögens, Inhaber aller Gesellschaftsforderungen sowie Schuldnerin aller Gesellschaftsschulden."[1]

Die Beteiligung an einer Aktiengesellschaft erfolgt durch den Erwerb von Anteilscheinen — **Aktien**. Die Aktien lauten auf einen Nennbetrag der mindestens 50 DM betragen muß. Das **Grundkapital**, das nicht dem **Eigenkapital** entspricht, ist auf mindestens 100 000 DM nach unten limitiert und repräsentiert die Summe der Nennbeträge der ausgegebenen Aktien. Es ist zu differenzieren zwischen **Inhaberaktien**, die voll fungibel und frei übertragbar sind, und deren Rechte, die sich aus dem Besitz ergeben und auf den jeweiligen Inhaber übergehen. Bei den **Namensaktien** ist die Übergabe erschwert, da ein Indossament erfolgt und eine Änderung des Namens des Inhabers im Namensaktienbuch vorzunehmen ist. Ist zusätzlich die Übergabe einer Namensaktie von der Zustimmung der Gesellschaft abhängig, spricht man von einer **vinkulierten Namensaktie**. Die Aktie gewährt grundsätzlich vier Rechte:

— **Stimmrecht**
— **Dividendenrecht**
— **Bezugsrecht**
— **Teilnahme am Liquiditationserlös**

Für **Stammaktien** gilt hinsichtlich dieser vier Rechte das **Prinzip der Gleichberechtigung**. Ist eine Aktie hinsichtlich eines oder mehrerer dieser spezifischen Rechte mit **Vorrechten** ausgestattet, so handelt es sich um eine **Vorzugsaktie**. Im einzelnen sind vier Ausprägungen einer Vorzugsaktie anzutreffen:

— **Mehrstimmrechtsaktie**
— **prioritätische Vorzugsaktie**
— **kumulative Vorzugsaktie**
— **stimmrechtslose Vorzugsaktie**

Mehrstimmrechtsaktien besagen, daß der Inhaber der Aktie mit einem mehrfachen Stimmrecht ausgestattet ist. Obwohl die Ausgabe von Mehrstimmrechts-

---

[1] vgl. dazu: **Vormbaum, H.,** Finanzierung der Betriebe, a.a.O., S. 89

aktien seit 1937 an die Zustimmung des Wirtschaftsministeriums gebunden ist und seit der Aktienrechtsreform von 1965 faktisch unterbunden wurde, sind in deutschen Aktiengesellschaften noch häufig Mehrstimmrechtsaktien anzutreffen. So sind Unternehmen bekannt, in denen Vorzugsaktien mit einem 3 200-fachen Stimmrecht ausgestattet sind.

Das Vorrecht der **prioritätischen Vorzugsaktie** liegt darin begründet, daß der Inhaber der Aktie bei der Gewinnverteilung **vorab** eine Dividende erhält. Die Prioritätsansprüche können dabei nur für das laufende Jahr gelten oder aber kumulativen Charakter haben.

Wenn die Dividendengarantie sich auch auf gewinnlose Jahre erstreckt, die Ansprüche also kumuliert werden und in Gewinnjahren nachbezahlt werden, so spricht man von einer **kumulativen Vorzugsaktie.**

Am weitesten verbreitet sind die **stimmrechtslosen Vorzugsaktien.** Charakteristikum dieser Aktien ist der Verzicht auf das Stimmrecht zugunsten eines kumulativen Dividendenvorrechts. Nach zwei gewinnlosen Jahren lebt allerdings das Stimmrecht wieder auf. Stimmrechtslose Aktien dürfen bis zur Hälfte der Höhe des Grundkapitals ausgegeben werden, höchstens aber in Höhe der Stammaktien.

Gelegentlich werden anstatt der stimmrechtslosen Vorzugsaktie auch **Genußscheine** ausgegeben. Vor allem in der Schweiz, wo die Ausgabe von stimmrechtslosen Aktien untersagt ist, findet sich häufiger der Genußschein in Form des **Partizipationsscheines**, dessen Kennzelchen das Fehlen eines schuldrechtlichen Anspruchs und von Mitgliedschaftsrechten ist. Als Gegenleistung erhält der Inhaber ein Anrecht auf Gewinn und Liquidationserlös, das nur mit **Erfolgseintritt** wirksam wird. HAHN umreißt den Zweck des Genußscheines: ,,Der Aussteller emittiert nichtpassivierungspflichtige Gläubigerrechte zur Pflege des Eigenkapitalmarktes oder zwecks Beschaffung von Eigenkapital.''[1] Der Genußschein findet Anwendung bei:

— **der Gründungsfinanzierung** (Anreiz als Äquivalent für schwer bewertbare Sacheinlagen)

— **der Ablösung von Aktionärsrechten**

— **der Korrektur von Aktionärsrechten**

— **der Ablösung von Gläubigerrechten** bei der Sanierung

— **Ablösung von Vorrechten**

— **Durchführung einer Kapitalerhöhung**

Der wesentliche Unterschied des Genußscheines zur Aktie liegt im völligen Fehlen von Mitwirkungsrechten.

---

[1] vgl. dazu: **Hahn, O.**, Finanzwirtschaft, a.a.O., S. 203

Schließlich sei noch darauf hingewiesen, daß der Erwerb **eigener Aktien** grundsätzlich verboten ist. Ausnahmen regelt der § 71 AktG (z.B. zur Abwendung eines großen Schadens oder im Zuge der Gesamtrechtsnachfolge). Von den eigenen Aktien zu trennen sind die **Vorratsaktien**, Aktien, die noch nicht im Umlauf sind und von Dritten für Rechnung der ausgegebenen Gesellschaft gehalten werden.

Bevor auf die Eigenkapitalbeschaffung mittels Kapitalerhöhung eingegangen werden soll, sind die Begriffe **Eigenkapital** und **Grundkapital** voneinander abzugrenzen. Das Eigenkapital der Aktiengesellschaften setzt sich zusammen aus:

> **Grundkapital** (Nominalkapital, festes Eigenkapital =
> Summe der Nennwerte aller Aktien)
>
> + offene Rücklagen (gesetzliche + freie Rücklagen =
>   **bewegliches Eigenkapital)**
>   _____
>
> + Gewinn / bzw. ./. Verlust
>   _____
>
> = **bilanzielles Eigenkapital**
> + stille Reserven
>   _____
>
> = **effektives Eigenkapital**

Als Instrument der Kapitalzuführung durch Eigenkapitalbeschaffung steht der Aktiengesellschaft die **Kapitalerhöhung** zur Verfügung. Die Kapitalerhöhung bezieht sich dabei auf die Änderung des **Nominalkapitals** und nicht auf das Eigenkapital. Bei der Kapitalerhöhung unterscheidet das Aktiengesetz zwischen

— **der Kapitalerhöhung gegen Einlagen**
— **dem genehmigten Kapital**
— **der bedingten Kapitalerhöhung** und
— **der Kapitalerhöhung aus Gesellschaftsmitteln.**

Die **Kapitalerhöhung gegen Einlagen** vollzieht sich durch die Ausgabe neuer Aktien, wobei die Entscheidung der Kapitalerhöhung mindestens von 75 % des in der Hauptversammlung anwesenden stimmberechtigten Kapitals getragen sein muß. Der Vertrieb der Aktien wird üblicherweise durch ein Bankenkonsortium gegen Entgelt übernommen. Der Ausgabekurs (der bezahlte Kurs) darf **nicht unter pari** (unter dem Nennwert) liegen. Die Differenz zwischen Nennwert der Aktie und Ausgabekurs der Aktie, das **Agio**, bewirkt, daß der nominale Emissionsbetrag wesentlich geringer sein kann als die benötigte Eigenkapitalsumme.

Beispiel:

Grundkapital	Rücklagen	Eigenkapital	Bilanzkurs	
200 000	100 000	300 000	150 %	vor Kapital-erhöhung
200 000	80 000	280 000	–	Kapitaler-höhung, Agio 140%
400 000	180 000	580 000	145 %	Nach Kapital-erhöhung

Aus diesem Beispiel kann man ersehen, daß der **Bilanzkurs**, der nicht mit dem Börsenkurs identisch ist, nach der Kapitalerhöhung absinken kann, wenn der Ausgabekurs der neuen Aktien unter dem Bilanzkurs der alten Aktien liegt. Das bedeutet für den Aktionär jedoch einen Vermögensverlust. Als Ausgleich für diesen Vermögensverlust und den relativen Stimmrechtsverlust (die Gesamtzahl der Stimmrechte steigt bei Konstanz der eigenen Stimmrechte) wird den alten Anteilseignern ein **Bezugsrecht** eingeräumt, das die Nachteile ausgleichen soll. Dieses Bezugsrecht ist bei Nichtinanspruchnahme veräußerbar. Die rechnerische Parität für die an der Börse gehandelten Bezugsrechte wird wie folgt ermittelt:

$$BR = \frac{K_a - K_n}{a + n} \cdot n \quad (\text{VORMBAUM}[1]) \quad \text{oder}$$

$$BR = \frac{K_a - K_n}{\frac{a}{b} + 1} \quad (\text{KAPPLER/REHKUGLER}[2])$$

wobei BR = Bezugsrechtsparität
K_a = altes Kursniveau
K_n = Emissionskurs der neuen Aktien
a = Zahl der alten Aktien je Bezugsrecht
n = Zahl der neuen Aktien je Bezugsrecht

$\frac{a}{b}$ = Bezugsverhältnis

---

[1] vgl. dazu: **Vormbaum, H.,** Finanzierung der Betriebe, a.a.O., S. 114
[2] vgl. dazu: **Kappler, E./Rehkugler, H.,** Kapitalwirtschaft, a.a.O., S. 645

Es ist darauf hinzuweisen, daß die Kapitalerhöhung gegen Einlagen nicht auf die Einlage von **Geldmitteln** beschränkt ist. Nach § 183 AktG kann die Ausgabe neuer Aktien gegen **Sacheinlagen** erfolgen.

Die **bedingte Kapitalerhöhung** nach § 192 AktG liegt vor, wenn das Grundkapital nur in dem Rahmen erhöht werden soll, wie von einem Umtausch oder Bezugsrecht Gebrauch gemacht wird, das die Gesellschaft auf die neuen Aktien einräumt. Bei der bedingten Kapitalerhöhung sind nicht die Aktionäre, sondern andere bezugsberechtigt. § 192 Abs. 2 AktG bestimmt, daß die bedingte Kapitalerhöhung drei Fällen vorbehalten ist:

(1) zur Gewährung von Umtausch- oder Bezugsrechten an Gläubiger von Wandelschuldverschreibungen;

(2) zur Vorbereitung des Zusammenschlusses mehrerer Unternehmen;

(3) zur Gewährung von Bezugsrechten an Arbeitnehmer der Gesellschaft gegen Einlage von Geldforderungen, die den Arbeitnehmern aus einer ihnen von der Gesellschaft eingeräumten Gewinnbeteiligung zustehen.

Der Nennbetrag des bedingten Kapitals darf die Hälfte des früheren Grundkapitals nicht übersteigen. Der Beschluß zur bedingten Kapitalerhöhung bedarf ebenfalls einer Dreiviertelmehrheit in der Hauptversammlung.

Wie die bedingte Kapitalerhöhung stellt auch die **genehmigte Kapitalerhöhung** keine echte Kapitalerhöhung dar, sondern es handelt sich um eine durchführungstechnische Vorbereitung einer Kapitalzuführung. Wesen der genehmigten Kapitalerhöhung, die in §§ 202 - 206 AktG geregelt ist, ist die **Ermächtigung des Vorstands** durch die Hauptversammlung, während eines begrenzten Zeitraums (bis zu 5 Jahren) das Grundkapital durch die Ausgabe neuer Aktien bis zu einem bestimmten Höchstbetrag zu erhöhen. Die genehmigte Kapitalerhöhung kann dadurch von der Kapitalerhöhung gegen Einlagen abgegrenzt werden, daß bei der Kapitalerhöhung gegen Einlagen der Umfang und Zeitpunkt der Kapitalerhöhung von der Hauptversammlung festgelegt wird, während beim genehmigten Kapital der Vorstand innerhalb der festgesetzten zeitlichen und betragsmäßigen Höchstgrenzen nach eigenem Ermessen von seiner Ermächtigung Gebrauch machen kann. Damit wird der Vorstand in die Lage versetzt, einen besonders günstigen Zeitpunkt der Kapitalerhöhung zu wählen und auf günstige Entwicklungen im Kapitalbindungs- und Kapitalbeschaffungsbereich unverzüglich zu reagieren. Der Nennbetrag des genehmigten Kapitals darf die Hälfte des Grundkapitals, das zur Zeit der Ermächtigung vorhanden ist, nicht übersteigen.

Die Erhöhung des genehmigten Kapitals durch Sacheinlagen ist möglich, wenn dies in der Ermächtigung vorgesehen ist.

Keine Kapitalerhöhung im eigentlichen Sinne ist die **Kapitalerhöhung aus Gesellschaftsmittel**, da nicht das Eigenkapital, sondern seine Zusammensetzung verändert wird. Die Kapitalerhöhung aus Gesellschaftsmitteln (§§ 207 ff. AktG) besteht darin, daß **offene Rücklagen** in Grundkapital umgewandelt werden. Die

Abwicklung der Kapitalerhöhung aus Gesellschaftsmitteln geschieht in gleicher Weise wie bei der Kapitalerhöhung gegen Einlagen mit dem Unterschied, daß der Bezugskurs der neuen Aktie gleich Null ist, d.h. daß diese Aktien unentgeltlich von den Aktionären erworben werden können. Der Gegenwert der Aktienemission wird durch eine Umbuchung der offenen Rücklagen auf das dividendenberechtigte Grundkapital erstellt. Diese neuen Aktien, auch Zusatz- oder Gratisaktien genannt, werden bewirken, daß der Anteil der Aktionäre an den offenen Rücklagen in eine Beteiligung am Grundkapital umgewandelt wird.

Nachdem die alternativen Möglichkeiten einer Kapitalerhöhung in ihrem Inhalt erörtert wurden, sollen abschließend noch die Gründe einer Kapitalerhöhung kurz angerissen werden. VORMBAUM[1] nennt als Hauptgründe:

— **Vergrößerung der Haftungsbasis**
— **Verbesserung der Liquiditätssituation**
— **Ausweitung der Kapazität**
— **Erwerb von Beteiligungen**
— **Durchführung kapazitätsunwirksamer Rationalisierungsmaßnahmen.**

Die Aktiengesellschaft ist jedoch nicht nur in der Lage, das Grundkapital zu erhöhen, sondern auch herabzusetzen. Gründe für eine Kapitalherabsetzung können eine Überkapitalisierung einer Aktiengesellschaft oder der Verlustausgleich in der Sanierung sein. Bei der Kapitalherabsetzung ist zu differenzieren zwischen ordentlicher Kapitalherabsetzung (§ 222 AktG), der vereinfachten Kapitalherabsetzung (§§ 229 ff. AktG) und der Kapitalherabsetzung durch Einziehung von Aktien (§§ 237 ff. AktG) Da die Kapitalherabsetzung als ein kapitalentziehender Zahlungsstrom aufzufassen ist, soll auf eine ausführliche Darstellung verzichtet werden.

Nach Erörterung der Beteiligungsfinanzierung an einer Aktiengesellschaft sind die Möglichkeiten einer Beteiligung an einer GmbH aufzuzeigen. Die Beteiligung erfolgt durch Zeichnung einer Stammeinlage, die mindestens 500 DM betragen muß. Die Haftung der Gesellschafter bleibt auf die Stammeinlagen beschränkt, wobei als Haftungssumme das Stammkapital fungiert. Das Mindeststammkapital der GmbH ist auf 20 000 DM festgelegt, jedoch müssen bei der Gründung erst 25 % des Stammkapitals eingezahlt sein. Aufgrund des geringen Stammkapitals und der damit verbundenen begrenzten Haftung weist die GmbH eine relativ niedrigere Kreditwürdigkeit als die anderen Rechtsformen aus; dagegen ist die Kapitalbeschaffungsmöglichkeit durch die geringe Mindesthöhe der Einlage und durch das geringe Haftungsrisiko als relativ gut zu bezeichnen.

---

[1] vgl. dazu: **Vormbaum, H.**, Finanzierung der Betriebe, a.a.O., S. 110 ff.

3.1.1.3 Die Beteiligung an den Sonderrechtsformen

Wenn eine GmbH sich gezwungen sieht, ihr haftendes Kapital zu erhöhen und die Gesellschafter nicht bereit sind, weitere Stammeinlagen zu übernehmen, bietet sich als Lösung die Rechtsform einer **GmbH & Co KG** an. Ein Teil der Gesellschafter oder alle Gesellschafter gründen zusammen mit der GmbH eine Kommanditgesellschaft, in der der GmbH die Stellung eines persönlich haftenden Gesellschafters zukommt. Über die Kommanditeinlagen kann der Gesellschaft zusätzliches Kapital zugeführt werden. Auch Außenstehende werden sich eher zur Übernahme von Kommanditanteilen als zur Übernahme von GmbH-Anteilen bereit erklären. Dadurch, daß der Geschäftsbetrieb von der GmbH auf die Kommanditgesellschaft übertragen wird, entstehen kaum Schwierigkeiten. So braucht z.B. das Anlagevermögen der GmbH nicht einmal auf die Kommanditgesellschaft übertragen werden, da auch eine Überlassung mittels Verpachtung denkbar ist. Aufgrund der Undurchsichtigkeit des Unternehmensaufbaus und der generellen Haftungsbeschränkung weist auch die GmbH & Co KG keine besonders hohe Kreditwürdigkeit auf.

Zur Verbreiterung der Kapitalbasis hat der Gesetzgeber die Rechtsform der **Kommanditgesellschaft auf Aktien** neben die Kommanditgesellschaft und die Aktiengesellschaft gestellt, die die wesentlichen Elemente beider Rechtsformen in ihrer Struktur verbindet. Die Kommanditgesellschaft auf Aktien ist eine Gesellschaft mit eigener Rechtspersönlichkeit, bei der mindestens ein Gesellschafter unbeschränkt haftet und die übrigen Gesellschafter an dem in Aktien zerlegten Grundkapital beteiligt sind, ohne persönlich für die Verbindlichkeiten der Gesellschaft zu haften (Kommanditaktionäre). Nachteile dieser Gesellschaftsform sind in dem relativ hohen Rechtsformaufwand und in der Doppelbesteuerung zu erblicken. Dagegen sind Kreditwürdigkeit und Kapitalbeschaffungsmöglichkeiten eher positiv zu beurteilen.

Als letzte bedeutende Rechtsform ist noch die **Genossenschaft** vorzustellen. Genossenschaften sind Personenvereinigungen ohne feste Mitgliederzahl, deren Geschäftsbetrieb darauf gerichtet ist, Erwerb oder Wirtschaft der Mitglieder zu fördern. Die Haftung der Genossenschaftsmitglieder ist in der Regel begrenzt; es gibt auch Genossenschaften mit unbegrenzter Haftung, wobei sich aber die Haftpflicht auf eine Nachschußpflicht gegenüber der Genossenschaft bezieht.

Das Eigenkapital der Genossenschaft besteht aus drei Teilen:

— Summe der **Geschäftsguthaben** der Genossen

— **Reservefonds**

— gesondert ausgewiesener **Gewinn** oder **Verlust**

Die Höhe der Summe der **Geschäftsguthaben** hängt von dem Geschäftsanteil (Höchstbetrag der zulässigen Einlage eines Genossen), den auf den Geschäftsanteil einbezahlten Betrag, der Zahl der Geschäftsanteile, die ein Genosse in sich vereinigt, und der Zahl der Genossen ab. Über die Höhe der Geschäftsanteile sind keine generellen Aussagen möglich, jedoch beträgt die Mindesteinlage 10 % auf den Geschäftsanteil.

Unter Reservefonds ist ein Fonds zu verstehen, der aus der Thesaurierung von Gewinnen der Genossenschaft genährt werden muß.

3.1.1.4 Vergleich der Kreditwürdigkeit und der Kapitalbeschaffungsmöglichkeiten der alternativen Rechtsformen

Versucht man, die alternativen Rechtsformen hinsichtlich Kreditwürdigkeit und Kapitalbeschaffungsmöglichkeit durch Beteiligung in eine Rangordnung zu bringen, so kann dieses Unterfangen nicht ohne Einschränkung vonstatten gehen.

Der Vergleich wird erschwert durch die individuellen Ausprägungen der einzelnen Rechtsformen, d.h. die Beurteilung einer Rechtsform richtet sich über allgemeine Grundsätze auch nach der spezifischen Unternehmenssituation, wie beispielsweise nach der Unternehmensgröße, der Geschäftspolitik, der Zahlungsmoral, Unternehmensführung und Unternehmensstruktur. Daher kann ein Vergleich nur auf die generellen Möglichkeiten abgestellt werden unter der Prämisse der Vergleichbarkeit hinsichtlich der genannten Faktoren.

	Kriterium der Kreditwürdigkeit	Kapitalbeschaffungsmöglichkeit durch Beteiligungsfinanzierung
zunehmende Extension	GmbH & Co KG	Einzelunternehmung
	GmbH	BGB-Gesellschaft
	BGB-Gesellschaft	OHG
	KG, Einzelunternehmung	KG
	KG aA	KG aA
	Genossenschaft	GmbH
	OHG	GmbH & Co KG
	AG	Genossenschaft
		AG

Abb. 16: Rechtsformvergleich

Nicht in der Aufstellung enthalten ist die Rechtsform der stillen Gesellschaft, da sie keine eigenständige Rechtsform darstellt. Die Beteiligung eines stillen Gesellschafters hat bei Bekanntgabe bei den alternativen Rechtsformen eine Erhöhung der Kreditwürdigkeit zur Folge.

3.1.2 Die Selbstfinanzierung

Als zweiter Bestandteil der Eigenfinanzierung einer Unternehmung ist die Selbstfinanzierung anzusehen. Der Begriff der Selbstfinanzierung bedarf einer Abgrenzung. Unter Selbstfinanzierung ist die Finanzierung einer Unternehmung aus eigenen Mitteln, ohne Zuführung von Kapital von außen zu verstehen; Umschichtungen des Vermögens- und Kapitalbestandes oder die Freisetzung von Kapital können zwar auch als Finanzierungsvorgänge aufgefaßt werden, die innerhalb des Betriebes vonstatten gehen, jedoch werden diese Vorgänge nicht der Selbstfinanzierung zugerechnet, sondern unter dem Begriff **Finanzierung aus freigesetztem Kapital** zusammengefaßt. Selbstfinanzierung bezieht sich auf die Überschußverwendung. **Selbstfinanzierung ist definiert als Finanzierung aus nicht ausgeschütteten Gewinnen** und wird somit der Eigenkapitalbeschaffung zugerechnet. Formen der Selbstfinanzierung sind die **Einbehaltung ausgewiesener Gewinne** und die **Bildung stiller Reserven**. Beide Formen der Gewinnzurückbehaltung führen zu einer Verstärkung der Eigenkapitalbasis der Unternehmung.

Bei den Erscheinungsformen der Selbstfinanzierung kann nach dem Kriterium des Entscheidungsspielraumes differenziert werden zwischen:

— **freiwilliger** und
— **zwangsweiser** Selbstfinanzierung.

Nach dem Kriterium des Gewinnausweises ist zu unterscheiden zwischen:

— **stiller Selbstfinanzierung** und
— **offener Selbstfinanzierung**.

3.1.2.1 Die Arten der Selbstfinanzierung

Die Zurückbehaltung von Gewinnen kann entweder **freiwillig** in Form unternehmenspolitischer Dispositionen oder **zwangsweise** aufgrund gesetzlicher Gewinnverwendungsvorschriften und Bewertungsvorschriften erfolgen. Für den Bereich der Aktiengesellschaft sieht § 150 AktG die Bildung einer gesetzlichen Rücklage vor, die 5 % des um den Verlustvortrag geminderten Jahresüberschusses beträgt bis die Rücklage 10 % des Grundkapitals erreicht hat. Der zwangsweisen Selbstfinanzierung ebenfalls zuzurechnen sind die **statutarischen Rücklagen**. Dabei handelt es sich um Rücklagenbildungen, die aufgrund einer Satzungsbestimmung vorgeschrieben sind. Die freiwillige Selbstfinanzierung bezieht sich auf:

— den freiwilligen Beschluß über eine Satzungsbestimmung zur Bildung statutarischer Rücklagen,

— die Einweisung von Gewinnen in freie Rücklagen,

— den freiwilligen Beschluß über die Gewinnverwendung (Gewinnvortrag oder Rückstellungsbildung) und

— die Bildung stiller Reserven bei der Bilanzaufstellung.

Die stille Selbstfinanzierung besteht darin, daß in der Bilanz Vermögensteile niedriger oder/und Verbindlichkeiten höher bewertet werden als es ihrem tatsächlichen Wert am Bilanzstichtag entspricht. Aufgrund dieser Bewertungspolitik wird ein niedrigerer Gewinn ausgewiesen als wenn eine andere Bewertung erfolgt wäre. Der Differenzbetrag, der sich aus dem Tageswert und dem niedrigeren Wertansatz ergibt, wird als **stille Reserven** bezeichnet. Der Finanzierungseffekt der stillen Reserven besteht nicht in einer absoluten Erhöhung des Eigenkapitals, sondern vielmehr in der temporären Verschiebung zwischen der Bildung stiller Reserven und ihrer Auflösung. Dazu ein Beispiel:

Die vereinfachte Bilanz einer Unternehmung zum 31.12.1975 zeige folgendes Bild bei einer Bewertung zum Tageswert:

Aktiva		Passiva	
Anlagevermögen	1 200 000	Eigenkapital	2 000 000
Umlaufvermögen	2 300 000	Fremdkapital	1 500 000
	3 500 000		3 500 000

Im Zuge der Bildung stiller Reserven soll nun das Umlaufvermögen um 20 % niedriger bewertet werden; somit ergibt sich für die Bilanz folgender Ansatz:

Aktiva		Passiva	
Anlagevermögen	1 200 000	Eigenkapital	1 540 000
Umlaufvermögen	1 840 000	Fremdkapital	1 500 000
	3 040 000		3 040 000

Werden nun im Zuge der Liquidation einzelner Vermögensteile oder der gesamten Unternehmung die stillen Reserven aufzulösen sein, so werden die Erträge als außerordentliche Erträge zu einer Erhöhung des Gewinnes beitragen. Ein anderer Effekt, der sich aus der Betrachtung ergibt, ist in der Feststellung begründet, daß die Bildung stiller Reserven zu einer Verschlechterung des Verhältnisses von Eigenkapital zu Fremdkapital führt. Mit den Konsequenzen dieser Entwicklung wird sich der Abschnitt über die Finanzierungsregeln beschäftigen. Die stille Finanzierung bewirkt also die Verschleierung von Gewinnen und die unternehmenspolitische Steuerung von Kapitalströmen.

Offene Selbstfinanzierung liegt vor, wenn die Unternehmung Gewinne, die in der

Jahresbilanz und in der Gewinn- und Verlustrechnung ausgewiesen werden, zurück-
behält und diese Gewinne in Abstimmung mit gesetzlichen, statutarischen und
dispositiven Bestimmungen bindet. Bei den Kapitalgesellschaften bedeutet
offene Selbstfinanzierung die Einstellung von Gewinnanteilen in die offenen
(gesetzlichen und freien) Rücklagen.

Gelegentlich wird in der Literatur noch differenziert zwischen

— **echter** Selbstfinanzierung

— **unechter** Selbstfinanzierung (WITTE, HEINEN).

Die **echte** Selbstfinanzierung besteht ausschließlich aus der Akkumulation einbehaltener Gewinne. Die **unechte** Selbstfinanzierung ist entweder darum unecht,
weil sie im Grunde aus einer von der Unternehmensführung bewirkten Fremdfinanzierung besteht — als Finanzierung aus verzögerter Gewinnversteuerung und aus
Rückstellungen — oder sie ist insofern unecht, als es sich überhaupt nicht um
Finanzierung, sondern um Reinvestition von verflüssigten Abschreibungen handelt. Generell entspricht die Differenzierung zwischen echter Selbstfinanzierung
und unechter Selbstfinanzierung der Abgrenzung zwischen Selbstfinanzierung
und Finanzierung aus freigesetztem Kapital.

Wichtig: **Unechte Selbstfinanzierung bedeutet Finanzierung aus freigesetztem
Kapital.**

3.1.2.2   Wirkungen der Selbstfinanzierung

Selbstfinanzierung verhindert einen kapitalentziehenden Zahlungsstrom, der
durch die Gewinnausschüttung eingeleitet wird; insofern kommt der Selbstfinanzierung ein positiver Liquiditätseffekt zu. Mit zunehmendem Grad der Ge-
winneinbehaltung sinkt die Belastung durch Zahlungsverpflichtungen und somit
wird die Eigenkapitalbasis gestärkt (günstigere Verzinsung). Durch zunehmende
Eigenkapitalbildung werden auch die Möglichkeiten der Fremdfinanzierung ver-
bessert. Jedoch stehen diesen Vorteilen einer Selbstfinanzierung auch Nachteile
gegenüber. Durch die permanente Zurückbehaltung von Gewinnen leidet die
Bereitschaft der Gesellschafter zu weiteren Anlagen. Durch die Bildung stiller
Reserven wird die tatsächliche Vermögens- und Ertragslage der Unternehmung
verschleiert. Schließlich sind Fragen der Rentabilität zu beachten. Selbstfinanzierung kann eine Überkapitalisierung zur Folge haben, zu Fehlinvestitionen ver-
leiten und zudem bestehen Nachteile bei der Gewinnbesteuerung.

Der Gesetzgeber wirkt einer überhöhten Selbstfinanzierung entgegen, indem er
zum einen eine unterschiedliche Besteuerung bei einbehaltenen und ausgeschütteten Gewinnen zugrundelegt und zum anderen seit Einführung des neuen
Körperschaftsteuergesetzes (ab 1.1.1977) durch das sog. Anrechnungsverfahren
die Doppelbelastung des Anteilseigners mit Körperschaft- und Einkommensteuer
auf ausgeschüttete Dividenden beseitigt hat.

Ausgehend von der üblichen Kapitalgesellschaft i.S. des § 23 Abs. 1 KStG beträgt der Steuersatz für einbehaltene Gewinne 56 %, für ausgeschüttete Gewinne dagegen 36 %. Beim Anteilseigner wird die Bruttodividende (einschließlich Körperschaftsteuer) der Besteuerung zugrundegelegt, jedoch die darin enthaltene Körperschaftsteuer auf dessen Einkommensteuer angerechnet.

Unter bestimmten Voraussetzungen kann die körperschaftsteuerliche Mehrbelastung einbehaltener Gewinne durch eine sog. Schütt aus-Hol zurück-Politik vermieden werden, d.h. Gewinne werden ausgeschüttet, damit sie unter Berücksichtigung der Anrechnung der Körperschaftsteuer beim Anteilseigner keiner Körperschaftsteuer unterliegen. Anschließend werden die nach Steuer verbleibenden Mittel wieder dem Unternehmen zugeführt.

Die Körperschaftsteuerbelastung der einbehaltenen Gewinne mit 56 % kann also durch dieses Verfahren über die Minderung und Anrechnung der Körperschaftsteuer einerseits und über die Besteuerung beim Anteilseigner andererseits auf den individuellen Einkommensteuersatz des Anteilseigners herabgesetzt werden.

Die Wiedereinlage in das Unternehmen kann in Form einer ordentlichen Kapitalerhöhung, als verdeckte Kapitalzuführung, stille Beteiligung oder durch Darlehensgewährung erfolgen. Hierbei ist die ggf. anfallende Gesellschaftsteuer von 1 % zu berücksichtigen.

Die steuerliche Belastung der Einbehaltung von Gewinnen entspricht derjenigen des Schütt aus-Hol zurück-Verfahrens dann, wenn der Anteilseigner dem höchsten Einkommensteuersatz unterliegt, da sich dann Körperschaftsteuersatz auf einbehaltene Gewinne und Einkommensteuersatz in etwa entsprechen. Unterliegt der Anteilseigner zusätzlich der Gewerbesteuer, trifft dies auf für darunter liegende Einkommensteuersätze zu.

Interessant wird das Schütt aus-Hol zurück-Verfahren unter Berücksichtigung der Einkommen-, Kirchen-, Gewerbe- und Gesellschaftsteuer ab einem ca. bei 44 % liegenden individuellen Einkommensteuersatz des Anteilseigners.

Vorbedingung für die Anwendung dieses Verfahrens ist jedoch in jedem Fall eine gleichartige Interessenlage beim Unternehmen einerseits und den Anteilseignern andererseits.

Die Vorteile und Nachteile der Selbstfinanzierung bergen implizit die Frage in sich, wie ein optimaler Selbstfinanzierungsgrad ermittelt werden kann und welche Faktoren dabei in die Ermittlungen eingehen.

3.1.2.3 Der optimale Selbstfinanzierungsgrad

Bestehende Analysen, die Richtlinien über den **optimalen Selbstfinanzierungsgrad** erarbeiten, gehen von der Prämisse aus, daß sich die Anleger am Aktienkurs bzw. an der zu erwartenden Effektivverzinsung orientieren. Die postulierten Hypothesen über das Anlegerverhalten sind jedoch widersprüchlich.

Vertreter der „Gewinnthese" bestreiten einen Einfluß der Gewinnverwendungsentscheidung auf das Anlegerverhalten. Die Gewinnthese besagt, daß es dem Anleger nicht auf die Höhe der gerade zu erzielenden Dividende ankommt, sondern vielmehr auf eine **Maximierung des Barwertes** der jetzigen und künftigen Erträge. Somit tritt für den Anleger die Aktienkurssteigerung aufgrund der Gewinnthesaurierung neben die Dividendenausschüttung als vergleichbare Wertgröße.

Im Gegensatz zur Gewinnthese geht die „Dividendenthese" davon aus, daß es dem Anleger nicht so sehr auf eventuell erzielbare Aktienkurssteigerungen ankomme als auf eine zufriedenstellende Dividende. Gründe für diese Annahme seien in der Unsicherheit der Realisation zukünftiger Gewinnerwartungen und in einer negativen Beurteilung einer überhöhten Selbstfinanzierung zu sehen.

Betrachtet man die beiden Thesen näher, kann behauptet werden, daß sich die beiden Thesen nicht ausschließen, sondern daß sie sich auf alternative Gruppen von Anlegern beziehen und sich somit **komplementär** verhalten. Bei den Anlegern kann nach dem Grad der Beteiligung unterschieden werden zwischen Großanlegern und Kleinanlegern. Generell läßt sich behaupten, daß Großanleger in der Regel der Gewinnthese den Primat zuerkennen werden unter dem Hintergrund der langfristigen Vermögenslage, während die Kleinanleger der Dividendenthese den Vorzug geben werden, da ihnen an einer stetigen Dividende liegt.

Aufgrund dieser Zusammenhänge gehen auch neuere Überlegungen dahin, bei der Ermittlung der optimalen Selbstfinanzierungsquote die Gewinnthese und Dividendenthese miteinander zu verbinden. Ein Modell zur Ermittlung der optimalen Selbstfinanzierungsquote entwickelten KAPPLER/REHKUGLER[1]:

Grundgedanke der Ausführungen ist die Annahme, daß ein hohes Aktienkursniveau ein günstiges Klima für Kapitalerhöhungen schafft. Bei gleichbleibender Höhe des zu erwartenden nachhaltigen Gewinns sinken die **Kapitalkosten** mit steigendem Emissionskurs, wobei unter Kapitalkosten das Verhältnis des nachhaltig zu erwartenden Gewinns pro Aktie zu dem jeweiligen Aktienkurs zu verstehen ist. Der Gewinnthese kann entnommen werden, daß Anleger mit langfristigen Interessen eine volle Gewinnausschüttung und den damit verbundenen Verzicht auf die Einbehaltung von Gewinnen einer negativen Beurteilung unterziehen (in der Abb. 18 der Fall C). Die Möglichkeiten der Wachstumssteigerung und der Krisensicherung gelten als gefährdet. Als Folge sinkt der Aktienkurs, was als Konsequenz eine Erhöhung der Kapitalkosten mit sich bringt. Aber auch bei voller Einbehaltung der Gewinne ist eine Steigerung der Kapitalkosten und ein

---

[1] vgl. dazu: **Kappler, E./Rehkugler, H.,** Kapitalwirtschaft, a.a.O., S. 639

Absinken des Aktienkurses zu verzeichnen, aufgrund des Risikos der Gewinn-realisation (Fall A). Die günstigste Ausschüttungsquote liegt also irgendwo in der Mitte, und zwar in dem Punkt, in dem die Kapitalkosten ein **Minimum** erreichen. Bei einer bestimmten Ausschüttungsquote werden die Anleger die Erreichung ihrer kurzfristigen und langfristigen Einkommensvorstellungen mit einer Erhö-hung der Bewertung der Aktien honorieren (Fall B).

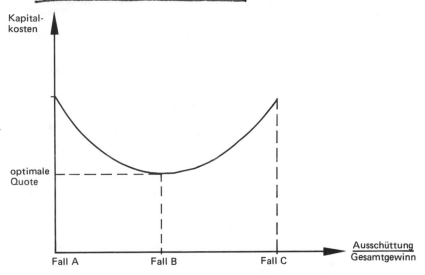

Abb. 18: Der optimale Selbstfinanzierungsgrad[1]

Gegen dieses Modell kann eingewendet werden, daß die Machtverteilung zwischen den Organisationsteilnehmern und die Gesetze der Aktienkursbildung nur unzu-reichend berücksichtigt werden.

Ganz allgemein läßt sich jedoch sagen, daß bei einer zu **hohen** Selbstfinanzierung die **Eigenfinanzierung** und bei zu **geringer** Selbstfinanzierung die **Fremdfinanzie-rung** leidet.

---

[1] vgl. dazu: **Kappler, E./Rehkugler, H.,** Kapitalwirtschaft, a.a.O., S. 640

Kontrollfragen zu Abschnitt 3.1

1   Wie unterscheidet sich die Innenfinanzierung von der Eigenfinanzierung?

2   Nennen Sie die Faktoren, von denen eine Beteiligungsfinanzierung determiniert ist!

3   Erläutern Sie die Kriterien, die in die Wahl der Rechtsformentscheidung eingehen!

4   Skizzieren Sie das Wesen der Stillen Gesellschaft und gehen Sie dabei auch auf den atypischen Stillen Gesellschafter ein!

5   Bewerten Sie die Kreditwürdigkeit und die Eigenkapitalbeschaffungsmöglichkeiten der Kommanditgesellschaft!

6   In welcher Form und Höhe haftet der Kommanditist?

7   Erklären Sie die Begriffe Namensaktien, Stammaktien, Vorzugsaktien und Mehrstimmrechtsaktien!

8   Nennen Sie die verschiedenen Vorzugsaktien und stellen Sie die Vorzugsaktie dem Partizipationsschein gegenüber!

9   Erläutern Sie die Zusammenhänge zwischen Nominalkapital und den verschiedenen Eigenkapitalbegriffen an Hand einer Fortschreibung!

10   Welche Arten der Kapitalerhöhung können unterschieden werden?

11   Zeigen Sie die rechnerische Ermittlung der Bezugsrechtsparität an einem konkreten Zahlenbeispiel!

12   In welchen Fällen ist eine bedingte Kapitalerhöhung zulässig?

13   Wann spricht man von einem genehmigten Kapital?

14   Nennen Sie mögliche Gründe einer Kapitalerhöhung!

15   Strengen Sie einen Vergleich der Rechtsformen hinsichtlich der Eigenkapitalbeschaffungsmöglichkeiten an und beschreiben Sie die dabei auftretenden Schwierigkeiten!

16   Grenzen Sie die Selbstfinanzierung von der Finanzierung aus freigesetztem Kapital ab!

17   Erläutern Sie den Begriffsinhalt der freiwilligen, zwangsweisen, stillen, offenen, echten und unechten Selbstfinanzierung!

18   Stellt die Bildung stiller Reserven einen echten Finanzierungsvorgang dar?

19   Erörtern Sie die Prämissen bei der Ermittlung der optimalen Selbstfinanzierungsquote!

3.2 DIE FINANZIERUNG AUS FREIGESETZTEM KAPITAL

Der Terminus **Finanzierung aus freigesetztem Kapital** umfaßt eine Reihe von Finanzierungsarten, bei denen die Kapitalfreisetzung nicht unmittelbar zutrifft. Daher sollen unter Finanzierung aus freigesetztem Kapital alle diejenigen Formen der Innenfinanzierung subsumiert werden, die nicht Selbstfinanzierung sind. WITTE wählt für diese Finanzierungsarten auch den Begriff unechte Selbstfinanzierung.[1]

Eine unechte Selbstfinanzierung findet statt bei:

(1) Umschichtungsfinanzierung

    — Veräußerung von Vermögensteilen

    — Finanzierung aus Abschreibungsgegenwerten

(2) **Finanzierung aus** der Bildung von längerfristigen **Rückstellungen**

(3) **Finanzierung aus verzögerter Gewinnausschüttung**

(4) **Finanzierung aus verzögerter Gewinnbesteuerung**

3.2.1 Die Umschichtungsfinanzierung

Die **Umschichtungsfinanzierung** ist dadurch gekennzeichnet, daß gebundenes Kapital in disponibles Kapital umgewandelt wird. Es wird dem Betrieb also kein Zusatzkapital zugeführt (Erhöhung des Eigenkapitals), vielmehr wird das Kapital in seiner Zusammensetzung verändert in Form eines Aktivtausches. Durch die Umwandlung von gebundenem Kapital in disponibles Kapital wird die Beweglichkeit und die Liquidität erhöht.

3.2.1.1 Die Veräußerung von Vermögensteilen

Die Veräußerung von Vermögensteilen läßt sich nach dem Grad der Betriebsnotwendigkeit unterteilen in die

— Veräußerung von Vermögensteilen, die nicht dem betrieblichen Hauptzweck dienen,

— Veräußerung von Vermögensteilen, die dem Betrieb als kapazitätsorientiertes Erweiterungsvermögen dienen,

— Veräußerung von Vermögensteilen des kapazitätsgebundenen Vermögens.

Vermögensteile, die nicht dem betrieblichen Hauptzweck dienen, können beispielsweise aus spekulativen oder anlagepolitischen Gründen gehaltene Be-

---

[1] vgl. dazu: **Witte, E.,** Die Finanzwirtschaft der Unternehmung, a.a.O., S. 557 ff.

stände an Grundstücken oder Wertpapieren sein, also Gegenstände, die bei Kapitalbedarf relativ leicht veräußerbar sind. Gelegentlich werden Mittel zur Kapazitätserweiterung oder Reservevermögen bereitgestellt. Werden die Erweiterungsvorhaben aufgegeben, so können diese Mittel abgerufen werden. Im Zuge von Rationalisierungsmaßnahmen oder eines finanzwirtschaftlichen Engpasses ist es sogar denkbar, daß Teile des betriebsnotwendigen Vermögens veräußert werden.

3.2.1.2 Die Finanzierung aus Abschreibungsgegenwerten

Das Anlagevermögen ist einem natürlichen Verschleiß unterworfen. Die Entwertung des Anlagevermögens wird durch Abschreibungen erfaßt, die über die betriebsgewöhnliche Nutzungsdauer verteilt wird. Die Abschreibungsbeträge werden als Kosten in die Verkaufspreise der betrieblichen Leistungserstellungen mit einkalkuliert. Werden die Erzeugnisse zu Preisen veräußert, die mindestens die Selbstkosten decken, dann fließen der Unternehmung in Form von Erlösen auch die Gegenwerte der Abschreibungsbeträge in Geldform zu. Durch diesen Kreislauf werden die im Anlagevermögen kapitalgebundenen Finanzmittel nach und nach wieder freigesetzt. Die Freisetzung der Finanzmittel und der Ersatz der Vermögensteile fallen zeitlich auseinander, da zum Zeitpunkt der Freisetzung die alten Vermögensteile noch genutzt werden. Da die Abschreibungen über die bilanzielle Abschreibung als Aufwand abgebucht werden, bleiben die Abschreibungsgegenwerte dem Zugriff der Gewinnausschüttung entzogen. Die Mittel, die aus den Abschreibungsgegenwerten dem Unternehmen zur Verfügung stehen, können nun in einen Fonds flüssiger Mittel eingeführt werden oder aber für neue Anlageentscheidungen verwendet werden. Von daher ist es möglich, daß ohne die Zuführung neuer Finanzmittel von aussen ein Kapazitätserweiterungseffekt — der sogenannte Lohmann-Ruchti-Effekt — entstehen kann.

Dazu ein Beispiel:[1]

Eine Unternehmung investiert in t_0 1 000 Maschinen mit einer jeweiligen Nutzungsdauer von 5 Jahren für 10 Millionen Mark.

Es erfolgt eine lineare Abschreibung. Werden nun die Einnahmen als Kapitalbedarfsminderungen aufgefaßt, so ergibt sich für die Perioden folgender Kapitalbedarf: t_0 10 Mill., t_1 8 Mill., . . . t_4 2 Mill., t_5 0. Der Kapitalbedarf sinkt also treppenförmig im Zeitablauf. Während ihrer Nutzungsdauer möge eine Anlage 15 000 Maschinenstunden laufen bzw. 30 000 Stück verarbeiten (Totalkapazität). Während eines Jahres kann die Anlage somit 3 000 Stunden laufen oder 6 000 Stück bearbeiten (Periodenkapazität). Die Leistung der Anlage im Zeitablauf sei als konstant angenommen. Bleibt die Kapazität gleich 1 000 Anlagen pro Jahr, so sinkt der Kapitalbedarf pro Periode. Werden aber die Einnahmen aus den Abschreibungsgegenwerten mit dem vollen Betrag zur Reinvestition verwandt, so entsteht eine Kapazitätserweiterung, wobei in jedem Zeitpunkt die ursprüngliche Kapitalbindung von 10 Mill. erhalten bleibt.

---

[1] Quelle: **Schneider, D.,** Investition und Finanzierung, a.a.O., S. 502

Die nachstehende Tabelle zeigt die Erweiterung der Kapazität infolge einer Bestandsmehrung an Anlagen durch Verwendung der Abschreibungsgegenwerte zur Reinvestition. Um nicht mit Brüchen von Maschinen zu arbeiten, wurden in den späteren Jahren nur ganzzahlige Abschreibungsbeträge verrechnet.

Jahr	Bestand zu Beginn des Jahres	Abschreibung / Investition am Ende des Jahres														
		1	2	3	4	5	6	7	8	9	10	11	12	13	14	15
1	1000	200	200	200	200	200										
2	1200		40	40	40	40	40									
3	1440			48	48	48	48	48								
4	1728				57	58	57	58	58							
5	2073					69	69	69	69	69						
6	1488						83	83	83	83	83					
7	1585							59	59	60	59	60				
8	1662								63	63	64	63	64			
9	1706									66	66	67	66	67		
10	1702										68	68	68	68	69	
11	1627											68	68	68	68	68
	Summe	200	240	288	345	415	297	317	332	341	340					

Abb. 19: Der Lohmann-Ruchti-Effekt

Betrachtet man den Anlagenbestand nach dem **Alter** der einzelnen Anlagen in einer gesonderten Tabelle, so zeigt sich, daß sich bereits nach dem 11. Jahr eine annähernd gleichmäßige Altersverteilung der Anlagen ergibt und nach dem 20. Jahr eine gleichmäßige Altersverteilung (soweit dies durch die Teilbarkeit möglich ist) der Anlagenbestände erreicht ist. Geht man von der Investition als kontinuierlichem Vorgang aus (in jedem Moment fallen Abschreibungen an), so kann geschlossen werden, daß der **Erweiterungsmultiplikator** durch das **Verhältnis Nutzungsdauer zu mittlerer Kapitalbindungsdauer** bestimmt wird. Bei stetiger linearer Abschreibung ist die mittlere Kapitalbindungsdauer gleich die halbe Nutzungsdauer, und folglich wäre unter der Voraussetzung der stetigen Abschreibung und der sofortigen Reinvestition der Erweiterungsmultiplikator bei 2. Werden die Voraussetzungen stetiger Abschreibungen, stetiger Reinvestition und beliebiger Teilbarkeit der Anlagen aufgehoben, bleibt der Erweiterungsmultiplikator unter 2, im gezeigten Beispiel bei gut 1,6.

Jahr	Bestand	Alter der Maschinen in Jahren				
		1	2	3	4	5
1	1000	1000				
2	1200	200	1000			
3	1440	240	200	1000		
4	1728	288	240	200	1000	
5	2073	345	288	240	200	1000
6	1488	415	345	288	240	200
7	1585	297	415	345	288	240
8	1662	317	297	415	345	288
9	1706	332	317	297	415	345
10	1702	341	332	317	297	415
11	1627	340	341	332	317	297
20	1663	333	333	333	332	332

Abb. 20: Altersverteilung der Anlagen beim Lohmann-Ruchti-Effekt

Bei genauer Betrachtung der Abb. 19 fällt auf, daß aufgrund des Kapazitätser-
weiterungseffekts nur die **Periodenkapazität** und nicht die **Totalkapazität** des
Anlagenbestandes erweitert wird. Dazu sollen die Zeilen 1 und 11 der Tabelle
betrachtet werden.

Im 1. Jahr ist ein Bestand an 1 000 Anlagen zu verzeichnen, die neu erstellt sind.
Die **Totalkapazität**, die gleich der Nutzungsdauer in Jahren aller Anlagen ist, beträgt 5 000 Nutzungsjahre. Die **Periodenkapazität** beträgt 6 000 Stück pro Anlage im Jahr, also gleich 6 Millionen bei 1 000 Anlagen. T_K in Stück = 30 Mill.

Zu Beginn des 11. Jahres steht ein Bestand von 1 627 Maschinen zur Verfügung.
Die **Periodenkapazität** ist also 6 000 mal 1 627 (bei gleichmäßiger Nutzungsver-
teilung = 9 762 000). Die **Totalkapazität** beträgt aber nur 4 991 Jahre:

Totalkapazität = Alter der Maschine x Bestand an Maschinen dieses Alters

$$= 333 (5) + 333 (4) + 333 (3) + 332 (2) + 332 =$$

$$= 4\,991 \text{ Nutzungsjahre}$$

bzw. nach Stückmaschinenstunden berechnet:

$$T_K = 333 (30\,000) + 333 (24\,000) + 333 (18\,000) + 332 (12\,000)$$
$$+ 332 (6\,000) = 29\,952\,000$$

Die Abweichungen (5 000 zu 4 991 und 30 Mill. zu 29,9 Mill.) ergeben sich aus
der mangelnden Teilbarkeit der Anlagen.

Die Kritik des **Lohmann-Ruchti-Effekts** bezieht sich auf sechs Punkte:

(1)   Die Ausweitung der Kapazität wird durch Ersatzbeschaffung nach Ablauf
      der Nutzungsdauer eingeschränkt.

(2)   Eine entsprechende Reinvestition ist nur möglich, wenn die Grundaus-
      stattung mit Eigenkapital finanziert wurde. Die Abschreibungsgegenwerte
      für aus Fremdkapital finanzierte Anlagen müssen zur Kredittilgung heran-
      gezogen werden (Kapitaleinsparungseffekt).

(3)   Die fehlende Teilbarkeit der Betriebsmittel gestattet nicht eine sofortige
      Anlagenreinvestition.

(4)   Der Effekt unterstellt eine homogene Anlagenstruktur, die ziemlich un-
      realistisch ist. Zudem wird die Problematik des Kapitalbedarfs für Vor-
      rats- und Stundungsprozesse vernachlässigt.

(5)   Eine weitere unrealistische Annahme ist mit der Annahme der gleich-
      mäßigen Nutzungsdauer (Maschine weist zu Beginn des 1. Jahres die glei-
      che Kapazität und Kostenstruktur wie am Ende der Nutzungsdauer auf)
      und mit der Annahme der Konstanz der Preise gegeben (da der Kapazitäts-

erweiterungseffekt erst durch einen Jahre umfassenden Zeitraum voll wirksam wird, kann angenommen werden, daß durch die in der Regel gestiegenen Wiederbeschaffungspreise der Lohmann-Ruchti-Effekt empfindlich beeinträchtigt wird).

(6) Schließlich bleiben noch Fragen der Kapazitätsausnutzung (z.B. Unterbeschäftigung) und der Absatzlage, über die die Abschreibungsgegenwerte verdient werden sollen, ohne Ansatz.

Zusammenfassend läßt sich der Lohmann-Ruchti-Effekt dahingehend interpretieren, daß er auf der Tatsache beruht, daß zur Finanzierung völlig neuer Anlagen zunächst ein **Kapitalbedarf** zu verzeichnen ist, der nicht während der gesamten Nutzungsdauer der Anlagen aufrechterhalten bleibt. Würde man den Kapitalbedarf über die gesamte Nutzungsdauer verteilen, so würde bei gleichmäßiger Freisetzung von Finanzmitteln aus Abschreibungsgegenwerten über die Nutzungsdauer verteilt ein halb so großer Kapitalbedarf entstehen. Beim Lohmann-Ruchti-Effekt werden aber die Mittel nicht weiterverwendet, sondern für **Reinvestitionen** eingesetzt, was zur Folge hat, daß der Kapitalbedarf beibehalten und nicht halbiert wird. Als Ausgleich entsteht eine (theoretische) Verdoppelung der Kapazität.

3.2.2. Finanzierung aus der Bildung von Rückstellungen

Rückstellungen dienen der Erfassung von Aufwendungen und Verlusten, die am Bilanzstichtag dem Grunde, aber nicht der Höhe nach bekannt sind, sowie von Verbindlichkeiten und Lasten, die am Bilanzstichtag bereits bestehen, sich aber dem Betrage nach nicht genau bestimmen lassen oder deren Bestehen zweifelhaft ist. In den §§ 151 Abs. 1 und 152 Abs. 7 AktG sind die Zwecke, für die eine Rückstellung gebildet werden darf, erschöpfend aufgeführt. Danach dürfen Rückstellungen gebildet werden für:

— ungewisse Verbindlichkeiten (einschließlich Pensionsrückstellungen)

— drohende Verluste aus schwebenden Geschäften

— im Geschäftsjahr unterlassene Aufwendungen für Instandhaltung oder Abraumbeseitigung, die im folgenden Jahr nachgeholt werden und

— Gewährleistungen, die ohne rechtliche Verpflichtung erbracht werden.

In dem Zeitpunkt ihrer Bildung vermindern die Rückstellungen aufgrund ihres Aufwandcharakters den ausgewiesenen Gewinn. Der Finanzierungseffekt der Rückstellungsbildung ist ein dreifacher. Rückstellungen sind teilweise dem Grunde nach ungewiß: Wird z.B. eine Rückstellung für einen Prozeß gebildet, werden im Falle des Prozeßgewinns weder Prozeßkosten noch Streitwert zu übernehmen sein. Der Finanzierungseffekt ergibt sich aus der **zeitlichen Differenz** zwischen Rückstellungsbildung und Rückstellungsauflösung. Rückstellungen sind dem Betrage nach ungewiß: Durch eine Überbewertung der Verbindlichkeiten können stille Reserven gebildet werden. Stehen der Rückstellungsbildung laufende Zahlungen

gegenüber, so ergibt sich der Finanzierungseffekt aus der Differenz zwischen Einzahlungen und Auszahlungen in einer Periode. Das wichtigste finanzierungspoli-
tische Instrument der Finanzierung aus freigesetztem Kapital stellt die Bildung
von **Pensionsrückstellungen** dar. Ihr Wesen soll im folgenden kurz charakterisiert
werden, wobei auch die alternativen Ansätze der betrieblichen Altersversorgung
finanzwirtschaftlich betrachtet werden sollen.

Grundgedanke der Pensionsrückstellung ist die Gewährung einer **Betriebsrente**.
Mit dem Instrument der betrieblichen Altersversorgung wollte man einen Anreiz
für die Belegschaft schaffen, dem Betrieb relativ lange die Treue zu halten. Neben
sozialpolitischen Gründen waren allerdings auch Motive zu verzeichnen, die
steuerpolitischer, finanzierungspolitischer oder machtpolitischer Natur waren.
Der Vorgang eines Eingangs einer Pensionsverpflichtung kann auf drei alternativen Wegen erfolgen:

Direktversicherung. Der Unternehmer bezahlt bei einem Versicherungsunter-
nehmen Versicherungsprämien für den Arbeitnehmer, die dann bei Eintritt des
Versorgungsfalls die Zusagen erfüllt.

Unterstützungskassen und **Pensionskassen.** Die Beträge, die für die Altersversorgung aufgewendet werden müssen, werden an eine Unterstützungskasse, die
eigens zum Zweck der Altersversorgung gegründet wurde, abgeführt.

Bildung von Pensionsrückstellungen. Die Unternehmung macht dem Arbeitnehmer zu einem bestimmten Zeitpunkt eine Versorgungszusage, die nach einem
gewissen Zeitraum fällig wird. Die Mittel hierfür werden aus dem Betrieb
aufgebracht durch die Bildung von Pensionsrückstellungen oder durch Finanzierung aus den laufenden Einkünften.

Bis zum heutigen Zeitpunkt besteht steuerrechtlich wie auch handelsrechtlich
ein **Passivierungswahlrecht** für Pensionsverpflichtungen. Es ist also auch denkbar, daß für Zusagen, die unverfallbar geworden sind, keine Rückstellungen
gebildet werden, sondern die Aufwendungen aus den laufenden Erträgen bestritten werden. In diesem Fall ist jedoch kein tatsächlicher Finanzierungsvorgang
zu verzeichnen.

Wird jedoch für die Pensionsverpflichtung eine Rückstellung gebildet, so steht
der Unternehmung mit dieser Einrichtung eine Finanzierungsmöglichkeit zur
Verfügung, die sich durch ihren Umfang und ihre Langfristigkeit auszeichnet.
Die gebildeten Rückstellungen stellen einen gewinnmindernden Aufwand dar.
Der Finanzierungseffekt der Pensionsrückstellung ist demnach determiniert
von **Umfang und Dauer der Verpflichtung**, der Gewinnverwendung und von
der Höhe der laufenden Pensionszahlungen. Steuerrechtlich gilt für die Bewertung von Pensionsrückstellung das **Teilwertverfahren**, d.h. Rückstellungen dürfen nur bis zur Höhe des versicherungsmathematischen Teilwerts gebildet werden. Beim Teilwertverfahren wird fingiert, daß der Versorgungsempfänger die
Versorgungszusage bereits beim Eintritt in das Unternehmen erhält, frühestens
aber zu Beginn des 31. Lebensjahres. Für die Zeit zwischen fingierter und tat-

68

sächlicher Versorgungszusage wird der Teilwert gebildet, danach gilt das Gleichverteilungsprinzip.

Beispiel: Eintritt in das Unternehmen mit dem 25. Lebensjahr, Versorgungszusage mit dem 40. Lebensjahr:

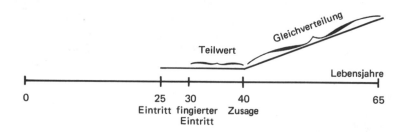

Abb. 21: Bilanzierung von Pensionsrückstellungen

Der Abzinsung ist ein Satz von mindestens 5,5% zugrunde zu legen. Übersteigt nun die Höhe der gebildeten Pensionsrückstellungen den Wert der laufenden Pensionszahlungen (bereits fällig gewordene Pensionsverpflichtungen) in einer Periode, so steht dem Unternehmen in Höhe der Differenz **kostengünstiges zusätzliches Fremdkapital** zur Verfügung. Entschließt sich ein Unternehmen zur Übernahme von Pensionsverpflichtungen, so werden die Zusagen erst nach Ablauf eines längeren Zeitraums voll die Unternehmung treffen; in diesem Fall ist der geschilderte Finanzierungseffekt ein langfristiger.

Bei vollständiger Gewinnausschüttung vermindern die Pensionsrückstellungen den ausschüttungsfähigen Gewinnbetrag, während ein vorhandener Verlust vergrößert wird. Man könnte nun behaupten, die Einstellung von Beträgen in Pensionsrückstellungen käme einer Einbehaltung von Gewinn und somit einer Selbstfinanzierung gleich. Es ist jedoch auf den Fremdkapitalcharakter der Pensionsrückstellung hinzuweisen, die somit keinen echten Gewinnbestandteil darstellen. Werden die Gewinne vollständig thesauriert, so entsteht ein Finanzierungseffekt durch die Senkung der Ertragsteuerbelastung. Dem positiven Finanzierungseffekt kann jedoch auch ein negativer Finanzierungseffekt bei den Pensionszusagen entgegenstehen. Die zu leistenden laufenden Zahlungen können unter gewissen Umständen echte Finanzierungsprobleme aufwerfen. In Zeiten schwieriger wirtschaftlicher Situation, von Unterbeschäftigung und zunehmenden Alters der Pensionszusagen (die laufenden Zahlungen übersteigen die zulässigen Rückstellungen) kann zusätzlicher Kapitalbedarf entstehen.

Insgesamt gesehen stellt jedoch die Bildung von Pensionsrückstellungen ein wichtiges Finanzierungsinstrument dar.

3.2.3. Finanzierung aus verzögerter Gewinnausschüttung und verzögerter Gewinnversteuerung

Bei diesen Finanzierungsformen liegt der Finanzierungseffekt in der zeitlichen Verzögerung zwischen Gewinnrealisation und Gewinnverwendung begründet. In beiden Fällen handelt es sich im eigentlichen Sinne um Verbindlichkeiten, d.h. um Fremdkapital. Bei der verzögerten Gewinnausschüttung besteht der Finanzierungseffekt in der zeitlichen Differenz zwischen Gewinnrealisation und der Ausschüttung in Form der Dividendengewährung, der Auszahlung von Tantiemen, von Gewinnanteilen, usw., die nachträglich erfolgt.

Die geltenden steuerrechtlichen Vorschriften erzwingen nicht die sofortige Abführung des jeweiligen Steueranteils bei der Gewinnrealisation. Entweder es werden Vorauszahlungen geleistet, die dann durch einen Steuerbescheid abgerechnet werden, oder die Steuerbemessung erfolgt durch ein Prüfungsverfahren, so daß zwischen Gewinnentstehung und Gewinnversteuerung oft ein Zeitraum von mehreren Monaten oder sogar von Jahren liegt. Die Finanzierung durch verzögerte Gewinnversteuerung kann aufgefaßt werden als Gewährung eines zinslosen Kredits. Bei dieser Finanzierungsform sind allerdings auch die eventuell auftretenden Probleme zu berücksichtigen, wie Erhöhung des Steuersatzes und verstärkte Liquiditätsbelastung durch kumulierte Steuerbeträge.

Kontrollfragen zu Abschnitt 3.2

1 Ist der Terminus Finanzierung aus freigesetztem Kapital für alle Finanzierungsarten, die unter ihn subsumiert sind, signifikant?

2 Nennen Sie die Alternativen unechter Selbstfinanzierung!

3 Wodurch entsteht der Finanzierungseffekt bei den Abschreibungen?

4 Erläutern Sie Möglichkeiten der finanziellen Disposition von Mitteln aus Abschreibungsgegenwerten!

5 Erklären Sie den Lohmann-Ruchti-Effekt!

6 Erstellen Sie eine Kritik des Lohmann-Ruchti-Effekts, indem Sie seine Voraussetzungen an der Realität überprüfen!

7 Wie entwickelt sich der Kapitalbedarf beim Lohmann-Ruchti-Effekt?

8 Totalkapazität und Periodenkapazität im Lohmann-Ruchti-Effekt. Wie verändern sich beide Größen?

9 Worin besteht der Finanzierungseffekt bei der Rückstellungsbildung?

10 Skizzieren Sie das Wesen der Pensionsrückstellungen!

11 Zeigen Sie graphisch die Rückstellungsbildung in folgendem Beispiel: Alter bei Eintritt in das Unternehmen: 35 Jahre, Versorgungszusage mit 45 Jahren!

12 Erklären Sie die Finanzierung aus verzögerter Gewinnbesteuerung und zeigen Sie, daß in diesem Falle keine Selbstfinanzierung stattfindet!

3.3 DIE FREMDFINANZIERUNG

Unter Fremdfinanzierung ist die Beschaffung neuen Fremdkapitals im Wege der Kreditaufnahme zu verstehen. Vom Eigenkapital unterscheidet sich das Fremdkapital in zweierlei Hinsicht: Fremdkapital verursacht Kosten in Höhe der den Gläubigern (Kreditgebern) zu vergütenden Zinsen. Die Zinskosten für das Fremdkapital tragen zu einer Gewinnminderung bei, während die Kosten des Eigenkapitals (Entgelt für die Kapitalüberlassung) aus dem Gewinn bestritten werden. Damit ist der erfolgswirksame Charakter des Eigenkapitals (Gewinnverteilung ist von der Höhe des Gewinns abhängig) dem erfolgsunwirksamen Charakter des Fremdkapitals (Zinsbelastung auch in Verlustperioden) gegenüberzustellen. Zum zweiten bedeutet Fremdkapital stets eine Zahlungsverpflichtung (Schuldnerstellung). Die Fremdkapitalmittel stehen der Unternehmung nur befristet zur Verfügung, während das Eigenkapital in der Regel unbefristet zur Verfügung steht und nicht zurückgezahlt werden muß (Ausnahmen möglich).

Bevor auf die alternativen Fremdfinanzierungsarten einzugehen sein wird, sollten die dominantesten Vorteile und Nachteile einer Fremdfinanzierung stichpunktartig zusammengefaßt werden, soweit dies überhaupt generell möglich ist.

Die Vorteile der Fremdfinanzierung sind in der steuerlichen Abzugsfähigkeit der Zinsen für Fremdkapital als Betriebsausgaben, in der flexibleren Anpassungsmöglichkeit auf schwankende Bedarfssituationen, in der Erhöhung der Eigenkapitalrendite (wenn die zusätzlichen Fremdkapitalkosten geringer sind als der zusätzliche Ertrag) und in der Kontinuität der Herrschaftsverhältnisse (Ausnahme: Großkredite) zu erblicken.

Die Nachteile der Fremdfinanzierung beziehen sich vor allem auf die Kosten der Sicherheitsleistungen und auf Verfügungsnachteile (Befristetheit des zur Verfügung gestellten Kapitals, zwingende regelmäßige Zins- und Tilgungsraten und Befriedigungsansprüche).

Fremdkapital kann als Individualkapital (privater Geldgeber) oder als Kapital des Geldmarktes bzw. des Kapitalmarktes aufgenommen werden.

Bei einer Darstellung der alternativen Fremdfinanzierungsmöglichkeiten wird man nicht ohne Systematik auskommen. Zu diesem Zweck wird auf WITTE[1] zurückgegriffen, der in einer Systematik fünf Kriterien zur Gliederung der Fremdfinanzierungsarten ansetzt. Als Kriterien ergeben sich die Unterscheidungsmerkmale

— **nach der Herkunft des Kapitals**
— **nach der Repräsentation des Kapitals durch Urkunden**
— **nach der Sicherung**
— **nach der Verbindung mit Realvorgängen**
— **nach der Fristigkeit des Kapitals**

---

[1] vgl. dazu: **Witte, E.,** Die Finanzwirtschaft der Unternehmung, a.a.O., S. 530 ff.

Nach dem Unterscheidungskriterium „Herkunft des Kapitals" unterscheidet
WITTE zwischen

- Lieferantenkrediten
- Kundenkrediten
- Bankkrediten
- Versicherungskrediten
- Staatskrediten
- Krediten von Privaten

Nach dem Unterscheidungskriterium „Fristigkeit des Kapitals" kann differenziert werden zwischen

- kurzfristigen Krediten
- langfristigen Krediten
- mittelfristigen Krediten.

Kurzfristige Kredite umfassen alle Kredite mit einer Laufzeit bis zu 6 Monaten,
mittelfristige Kredite erstrecken sich auf einen Zeitraum von 6 Monaten bis
zu 4 Jahren und langfristige Kredite weisen eine Laufzeit von über 4 Jahren
auf.

Auf die anderen Unterscheidungskriterien (Kriterium der Sicherung, usw.)
soll hier nicht näher eingegangen werden, da sie erstens nicht so bedeutungsvoll sind und sich zweitens auf die gleichen Kreditarten beziehen und nur
eine andere Einteilung vornehmen. Im weiteren Verlauf soll der Differenzierung zwischen kurz- und langfristigen Krediten der Vorrang eingeräumt werden.

3.3.1 Die kurzfristige Fremdfinanzierung

Vorauszuschicken ist, daß es nicht immer einfach ist, Kredite in kurzfristige
und langfristige Kredite einzuordnen, da diverse Kreditarten sowohl kurzfristig
als auch langfristig sein können. Von daher bestehen auch in der Literatur unterschiedliche Vorstellungen über die Zuordnung. Unter Berücksichtigung dieser Gesichtspunkte soll die folgende Einteilung vorgenommen werden. Als kurzfristige Kredite stehen zur Verfügung:

(1) — Der Kontokorrentkredit
(2) — Der Wechseldiskontkredit
(3) — Der Akzeptkredit
(4) — Der Avalkredit
(5) — Der Lombardkredit
(6) — Der Lieferantenkredit
(7) — Die Kundenanzahlung
(8) — Der Konsortialkredit
(9) — Der Teilzahlungskredit
(10) — Der Rembourskredit

(11) — Das Akkreditiv
(12) — Der Negoziationskredit
(13) — Der Eurogeldmarktkredit

3.3.1.1 Der Kontokorrentkredit

Das Wesen eines Kontokorrentkredits erläutert § 355 HGB

„Steht jemand mit einem Kaufmanne derart in Geschäftsverbindung, daß die aus der Verbindung entspringenden beiderseitigen Ansprüche und Leistungen nebst Zinsen in Rechnung gestellt und in regelmäßigen Zeitabschnitten durch Verrechnung und Feststellung des für den einen oder anderen Teil sich ergebenden Überschusses ausgeglichen werden (laufende Rechnung, **Kontokorrent**), so kann derjenige, welchem bei dem Rechnungsabschluß ein Überschuß gebührt, von dem Tage des Abschlusses an Zinsen von dem Überschusse verlangen, auch soweit in der Rechnung Zinsen enthalten sind."

Von rechtlicher Bedeutung ist also beim Kontokorrentkredit der jeweilige Soll- oder Habensaldo. Eine der Personen, die an dem Kontokorrentverkehr teilnehmen, muß Kaufmann im Sinne des HGB sein. In der Regel wird der Kontokorrentkredit von den Banken gewährt, doch sind auch Kontokorrentkredite zwischen Unternehmungen denkbar. Bei einem Kontokorrentverhältnis zwischen einer Bank und einer Unternehmung verschieben sich die wirtschaftlichen Rechte zugunsten der Bank. Die Einrichtung eines Kontokorrentkredits gewährt dem Kunden das Recht zur kurzfristigen Kreditaufnahme bis zur Höhe der Kreditlinie. Allerdings ist bei Inanspruchnahme der Kreditlinie eine Kreditprovision zu leisten, die über den Habenzinsen für Guthaben liegt. Wird die Kreditlinie überschritten und die Bank genehmigt diese Überziehung, so ist eine zusätzliche **Überziehungsprovision** zu leisten. Um Zinsverluste bei der Saldoermittlung zu vermeiden, sind die Banken dazu übergegangen, den Saldo nach jedem Geschäftsvorfall erneut zu ermitteln. Dadurch soll vermieden werden, daß ein länger bestehender Sollsaldo durch den Kunden kurzfristig vor der jährlichen oder halbjährlichen Saldofeststellung durch eine hohe Einzahlung unterlaufen wird. Zur permanenten Saldoermittlung bedient man sich in der Praxis sogenannter **Zinsstaffelrechnungen.**

Der gewährenden Bank dient der Kontokorrentkredit zusätzlich als **Visitenkarte** der Kredit beanspruchenden Unternehmung. Sie erhält einen relativ guten Einblick in die wirtschaftliche Situation der Unternehmung, in Unternehmungspolitik und Zahlungsmoral. Dies kann entweder für die **Gewährung** zusätzlicher Kredite oder für die **Prolongation** des Kontokorrentkredits von hoher Bedeutung sein. Wenn keine außergewöhnlichen Umstände dies verlangen, wird ein Kontokorrentkredit immer wieder verlängert und bringt somit den Kontokorrentkredit in den Bereich eines langfristigen Kredits. Eine plötzliche Kündigung des Kredits durch die Bank kann deshalb für die Unternehmung schwerwiegende Nachteile zur Folge haben, da in der Regel ein

Großteil der laufenden Zahlungen aus Kontokorrentmitteln finanziert wird.

Die Kosten des Kontokorrentkredits (Zins- und Spesensätze, Überziehungsprovisionen) sind als relativ hoch zu bezeichnen, dennoch ist der Kontokorrentkredit oft wirtschaftlicher als andere Kreditarten, da die Kosten sich nicht nach einem festgesetzten Kreditbetrag, sondern nach der jeweilig in Anspruch genommenen Kreditlinie richten. Der Kontokorrentkredit kann durch Abhebung in bar, Scheck, Überweisung und Einlösung von Wechseln in Anspruch genommen werden. In der Praxis nimmt der Kontokorrentkredit sowohl in Häufigkeit als auch im Volumen eine **dominante Stellung** ein.

3.3.1.2 Der Wechseldiskontkredit und der Akzeptkredit

Grundsätzlich unterscheidet man zwei Formen des Wechselkredits: Den **Wechseldiskontkredit und den Akzeptkredit.**

Wechsel sind im rechtlichen Sinne Wertpapiere, in denen der Aussteller den Bezogenen verpflichtet, an ihn oder eine andere Person zu einem angegebenen Zeitpunkt einen bestimmten Betrag zu zahlen. Verpflichtet sich der Aussteller selbst, die Wechselsumme zu begleichen, spricht man von einem **Solawechsel.** Ein gezogener Wechsel (oder **Tratte**) liegt vor, wenn der Aussteller den Bezogenen auffordert (Wechselschuldner), eine Verpflichtung auf sich zu nehmen. Akzeptiert der Bezogene die Verpflichtung durch seine Unterschrift auf dem Wechsel, liegt ein **Akzeptwechsel** vor.

Die Anerkennung eines Wechsels ist an die Erfüllung **gesetzlicher Bestandteile** geknüpft, die ein Wechsel enthalten muß:

— die Angabe des Ortes und des Tages der Ausstellung

— die Bezeichnung als Wechsel im Text der Urkunde **(Wechselklausel)**

— die Angabe der Verfallzeit (Zeit der Fälligkeit)

— der Name dessen, an den oder an dessen Order gezahlt werden soll **(Remittent)**

— die unbedingte Anweisung, eine bestimmte Geldsumme zu zahlen

— der Name dessen, der zahlen soll (Bezogener, Trassaten)

— die Angabe des Zahlungsortes und

— die Unterschrift des Ausstellers (des Trassanten)

Nach dem Verwendungszweck des Wechsels kann differenziert werden zwischen **Warenwechseln** als Hilfsmittel des Zahlungsverkehres, **Finanzwechseln** als Instrument der Geldbeschaffung und **Sicherungswechseln** zur Absicherung von Krediten. Beim Vorliegen eines Waren- oder Finanzwechseln hat der Besitzwechselinhaber einen Entscheidungsspielraum über die Verwendung des Wechsels: Er kann den Wechsel durch Indossament an einen eigenen Gläubiger zur Begleichung eigener Verbindlichkeiten weitergeben, einem Kreditinstitut verkaufen oder aber den Wechsel behalten und am Fälligkeitstag selbst einlösen.

Werden Besitzwechsel vor ihrer Fälligkeit an ein Kreditinstitut verkauft, liegt ein **Wechseldiskontkredit** vor: Das Kreditinstitut diskontiert den Wechsel, d.h. es schreibt dem Einreicher den Barwert (Wechselsumme minus Diskont) des Wechsels gut. Ein Kreditvorgang liegt darin begründet, daß die Bank den Wechselwert begleicht, **bevor** der Wechsel fällig wird. Die Bank kann ihrerseits die Wechsel bei der Bundesbank **rediskontieren**, sofern die Bedingungen einer Rediskontierung erfüllt sind. Diese Bedingungen sind laut § 19 des Gesetzes über die Deutsche Bundesbank:

— Haftung durch drei als zahlungsfähig bekannte Verpflichtete (bei ausreichender Sicherung genügen zwei Unterschriften)

— Der Wechsel muß innerhalb von drei Monaten, vom Tage des Ankaufs an gerechnet, fällig sein

— Es sollen gute Handelswechsel sein

— Sie müssen bei einem Kreditinstitut an einem Bankplatz zahlbar sein.

Kann der Wechsel am Fälligkeitstag nicht eingelöst werden, so geht der Wechsel **zu Protest**. Beim Wechselprotest haften alle Vormänner des Wechsels in der Reihenfolge ihrer Indossamente. Die Vorteile des Wechseldiskontkredits bestehen für den Kreditnehmer in der Möglichkeit, später fällige Wechselforderungen jederzeit in sofort verfügbare Guthaben umzuwandeln und in den relativ niedrigen Kosten bei ungestörtem Verlauf. Nachteile ergeben sich für den Kreditnehmer aus einem relativ hohen Zinsverlust bei frühzeitiger Diskontierung und des Risikos des **Rückgriffs**.

Als positive Elemente des Wechseldiskontkredits für den Kreditgeber sind die relativ hohe Sicherung aufgrund der wechselmäßigen Haftung aller Verpflichteten (**Wechselstrenge**), die Möglichkeit der Anlage liquider Mittel zu günstigen Konditionen (Rediskontierung), die Kurzfristigkeit (Eingangstag ist genau fixiert) und die rasche und problemlose Eintreibung der Wechselforderungen zu nennen.

Aus den genannten Gründen avancierte der Wechseldiskontkredit zu einem beliebten Kreditinstrument.

Ein **Akzeptkredit** liegt vor, wenn ein Kreditinstitut den von einem Kunden auf sie gezogenen Wechsel mit ihrem Akzept versieht. Der Bankkunde verpflichtet sich, spätestens einen Werktag vor Verfall Deckung zu beschaffen. Die Bank setzt somit in der Regel keine eigenen Mittel ein, es sei denn, sie diskontiert ihr eigenes Akzept. Beim Akzeptkredit leiht also dem Kunden die Bank kein zusätzliches Kapital in Geld, sondern ihre Kreditwürdigkeit (**Kreditleihgeschäft**). Der Kunde kann diese Wechsel nun zur Begleichung von Verbindlichkeiten verwenden oder den Wechsel zur Diskontierung einreichen, umso mehr als Bankakzepte Kreditmittel ersten Ranges sind und zu einem besonders günstigen Satz diskontiert werden, der um durchschnittlich 1% unter dem normalen Diskontsatz liegt. Die Bedeutung des Akzeptkredits liegt für die Unternehmung in den geringen Kreditkosten, die unter den Kosten eines vergleichbaren Kontokorrentkredits liegen.

3.3.1.3 Der Avalkredit

Bei der Gewährung eines Avalkredits gewährt die Bank einer dritten Person eine **Bürgschaft** für gegenwärtige oder zukünftige Zahlungsverpflichtungen eines Kunden. Da das Schuldverhältnis zwischen Bank und Kunde nicht verändert wird und die Bank lediglich als Bürge aufgrund ihrer Kreditwürdigkeit auftritt, kann auch beim Avalkredit von einer **Kreditleihe** gesprochen werden. Die Bankbürgschaft ist immer dann ein geeignetes Instrument, wenn der Kunde der Bank bei anderen Personen eine Stundung von Zahlungsverpflichtungen anstrebt, wenn für von Dritten geleistete Vorauszahlungen eine Sicherung gefordert wird oder wenn der Bankkunde zukünftige Zahlungsverpflichtungen eingehen will. Als Kosten des Avalkredits entstehen Avalprovisionen.

3.3.1.4 Der Lombardkredit

Unter dem Lombardgeschäft versteht man die Gewährung kurzfristiger Kredite gegen Verpfändung von Waren (**Warenlombardkredit**) oder Wertpapieren (**Effektenlombardkredit**) die mit einem bestimmten Prozentsatz ihres Wertes beliehen werden. Der Beleihungssatz hängt von der Güte des Pfandes bzw. von dem Ausmaß der möglichen Preisschwankungen ab.

Beim **eigentlichen Lombardgeschäft** bleibt der Besitzer Eigentümer des Pfandes, der Kreditgeber erhält nur ein Pfandrecht und ist verpflichtet, die Gegenstände wieder herauszugeben, während beim **uneigentlichen Lombardkredit** die übergebenen, vertretbaren Güter in das Eigentum des Kreditgebers übergehen und die Ansprüche des Kreditnehmers sich auf die Herausgabe gleichartiger Gegenstände beschränken.

Als lombardierungsfähige Gegenstände sind zu nennen: Edelmetalle, lagernde, schwimmende oder rollende Kaufmannswaren, Wertpapiere und spezielle Forderungen wie die Lombardierung aus Sparguthaben und Lebensversicherungen. Die in der Praxis wohl am häufigsten auftretende Form des Lombardkredits ist das **Effektenlombardgeschäft**. Beim Effektenlombard wird als Sicherung eines eingeräumten Kredits ein Pfandrecht an fungiblen Wertpapieren (Aktien, Obligationen, Pfandbriefe, Staatsanleihen, Schuldverschreibungen) vom Kreditnehmer eingeräumt. Diese Finanzierungsform ist für den Kreditnehmer vor allem dann interessant, wenn ein ungünstiges Kursniveau den Verkauf der Wertpapiere als unratsam erscheinen läßt. Für den Kreditgeber liegen die Vorteile des Effektenlombards in der problemlosen und jederzeitigen Veräußerbarkeit der Wertpapiere. Eventuellen Kursschwankungen trägt der Kreditgeber durch einen niedrigen **Beleihungssatz** Rechnung. Da festverzinsliche Wertpapiere geringeren Kursschwankungen als beispielsweise Aktien unterliegen, werden festverzinsliche Wertpapiere höher beliehen (etwa 70 - 75 % des Kurswertes) als Aktien (etwa 55 %). Waren werden etwa mit ungefähr 60 % beliehen. Beim Warenlombard erfolgt die Gewährung des Pfandrechts durch die Übergabe der **Dispositionspapiere** nach der Einlagerung.

3.3.1.5 Der Lieferantenkredit

Der Lieferantenkredit entsteht durch die Lieferung einer Ware (**Realvorgang**) und einer daraus resultierenden vertragsgemäßen **zeitlichen Verschiebung** des Zahlungsaktes. Die Kreditgewährung besteht also nicht in der Gewährung eines Geldbetrages, sondern in der Einräumung einer zeitlichen Verzögerung der Rechnungsbegleichung (dem Zahlungsziel oder Lieferantenziel). Die Finanzierungsmaßnahme besteht somit in der Unterlassung der Zahlung. Das eingeräumte Ziel kann noch überschritten werden, wenn der Lieferant dies duldet. In der Praxis ist eine Großzahl der Warenlieferungen als Zielverkauf deklariert; es bestehen keine großen Schwierigkeiten, um einen Lieferantenkredit zu erreichen, doch ist diese Finanzierungsform mit relativ hohen Kosten verbunden. Zwar entsteht nur gelegentlich ein sichtbarer Zinsaufwand beim Lieferantenkredit (wenn im Lieferungsvertrag eine Zinsabrechnung im Kontokorrentverfahren vorgesehen ist), jedoch weist der Lieferantenkredit in fast allen Fällen eine versteckte Zinskomponente auf: Zinsaufwand durch Skontonichtausnutzung. Wenn z.B. in den Zahlungsbedingungen festgelegt wurde, daß der Rechnungsbetrag innerhalb 30 Tage nach Lieferung zu begleichen ist und bei frühzeitiger Begleichung innerhalb 14 Tagen ein Abzug von 3 % Skonto berücksichtigt werden kann, so entsteht ein objektiver Zinsaufwand für die Zeit vom 15. Tag bis zum 30. Tag in Höhe von 3 % des Rechnungsbetrags. Da der Skontosatz kein Jahreszinssatz ist, sondern pauschal vom Rechnungsbetrag abgezogen wird, würde die volle Ausnutzung des Zahlungsziels einer effektiven Jahreszinsbelastung von 72 % entsprechen. Von daher ist es oft angeraten (insbesondere bei hohen Skontosätzen), den Lieferantenkredit mit einem kostengünstigeren Kredit (z.B. kurzfristigen Bankkredit) abzulösen, da der Lieferantenkredit als der Kredit mit dem höchsten Zinsaufwand angesehen werden kann (siehe auch Abb. 22).

Kreditfrist	Skontosatz	Skontozeit	Jahressatz	entspricht Bankzins
4 Wochen	2 %	sofort	26,0 %	26,5 %
4 Wochen	2 %	1 Woche	34,7 %	35,4 %
4 Wochen	3 %	1 Woche	52,0 %	53,6 %
6 Wochen	3 %	1 Woche	31,2 %	32,2 %
8 Wochen	3 %	1 Woche	22,3 %	23,0 %

Abb. 22: Die Zinsbelastung durch Skontoverzug[1]

[1] Quelle: **Vormbaum, H.,** Finanzierung der Betriebe, a.a.O., S. 203

3.3.1.6 Die Kundenanzahlung

Bei der Kundenanzahlung vollzieht sich der Kreditvorgang dadurch, daß der Abnehmer (Kunde) Zahlungen leistet, bevor die Lieferung der Ware (der Realvorgang) vollzogen wird. Anzahlungskredite finden sich vor allem bei der Erstellung und Lieferung von Anlagen, die ein sehr hohes Investitionsvolumen voraussetzen und die Individualfertigung erfordern. Insbesondere im Schiffsbau, Flugzeugbau, Wohnungsbau und Schwermaschinenbau ist die regelmäßige Leistung von Kundenanzahlungen nicht mehr wegzudenken. Aber auch bei kleineren Vorhaben sind Kundenanzahlungen üblich, wenn es sich um Maßfertigung handelt (z.B. Möbel nach Maß).

Mit dem Kredit aus einer Vorauszahlung ist der Kreditnehmer nicht zur Erfüllung einer Zahlungsverpflichtung verpflichtet, sondern er schuldet eine bestimmte Sach- und Dienstleistung. In der Regel wird die Kundenanzahlung zinslos gewährt und verursacht keine Kosten; unter Liquiditätsaspekten betrachtet tragen Kundenanzahlungen zu einer Verminderung des Liquiditätsabflusses bei.

3.3.1.7 Der Konsortialkredit

Das Wesen des Konsortialkredits besteht darin, daß hier der Kredit nicht von einem Kreditgeber, sondern durch mehrere Kreditgeber, die zu diesem Zweck ein Konsortium bilden, gewährt wird. Dabei kommen sowohl kurzfristige als auch langfristige Kreditarten in Frage. Die Ursache für solche Zusammenschlüsse in Form einer BGB-Gesellschaft kann darin liegen, daß das Kreditvolumen die Kapitalkraft eines Kreditgebers übersteigt oder das Kreditrisiko nicht von einem Kreditgeber allein getragen werden kann.

Als eine typische Erscheinungsform des Konsortialkredits ist die Übernahme von neu auszugebenden Schuldverschreibungen der öffentlichen Hand oder einer Gesellschaft durch ein Konsortium anzusehen. Der Kreditvorgang liegt darin begründet, daß das Konsortium die Schuldverschreibungen zu einem festen Kurs übernimmt und die Mittel hierfür bereitstellt. Die Mittel fließen dann über den Absatz am Schuldverschreibungsmarkt wieder in das Konsortium zurück. Aufgrund des üblichen hohen Kreditvolumens beim Konsortialkredit bilden bei dieser Kreditform vornehmlich Kreditinstitute das Konsortium.

3.3.1.8 Der Teilzahlungskredit

Beim Teilzahlungskredit ist in der Regel der Kreditnehmer ein Verbraucher, die Unternehmung gewährt den Kredit. Insofern tragen Teilzahlungskredite nicht zur Finanzierung des Betriebes bei. Bei bestimmten Teilzahlungskreditarten (dem sogenannten B- und C-Geschäft[1]) sind jedoch Elemente einer **Refinanzierung** über die Absatzfinanzierung zu beachten, wenn zwischen der Unternehmung und einem Teilzahlungskreditinstitut Vereinbarungen über eine Refinanzierung von Kundenkrediten getroffen wurden.

3.3.1.9 Der Rembourskredit

Der Rembourskredit ist eine spezifische Form eines Kredits im **Außenhandelsgeschäft.** Will beispielsweise ein inländischer Importeur von einem ceylonesischen Exporteur Tee beziehen und ist die deutsche Importfirma auf dem Weltmarkt ein unbeschriebenes Blatt, so kann an ihre Stelle eine inländische Bank treten, die dem Importeur einen Wechsel (Bankakzept) zur Verfügung stellt. Gegen Zahlung einer Akzeptprovision tritt somit anstelle der Zahlungsverpflichtung eines unbekannten Importeurs die Zahlungsverpflichtung einer bekannten inländischen Bank. Der Importeur ist der Bank zur Rückerstattung der geleisteten Kreditsumme verpflichtet (frz. rembourser = zurückerstatten). Die **Geschäftsabwicklung** geht folgendermaßen vonstatten. Nach Abschluß der Verhandlungen zwischen dem Importeur und Exporteur beantragt der Importeur bei der inländischen Bank einen Rembourskredit. Nach der Akzeptzusage der deutschen Bank an die Bank des Exporteurs übergibt der Exporteur die Versanddokumente an seine Bank, die sie an die deutsche Bank — von der sie inzwischen das **Remboursakzept** erhalten hat — weiterleitet. Der Austausch der Dokumente kann auch durch ein Zug-um-Zug Geschäft erfolgen, wobei eine Korrespondenzbank **(Remboursbank)** mit der Abwicklung betraut wird, die das Akzept der deutschen Bank zur Weiterleitung übernimmt und erst gegen Übergabe der Dokumente, die sie an die deutsche Bank sendet, herausgibt. Die deutsche Bank übergibt dem Importeur die Versanddokumente, die ausländische Bank diskontiert dem Exporteur den **Rembourswechsel** und belastet die Remboursbank mit dem Rembourskredit, die ihrerseits wieder die inländische Bank belastet. Das Remboursgeschäft findet seinen Abschluß mit der Begleichung der Rembourskreditbelastung durch den Importeur an seine Bank. Zur Veranschaulichung soll ein graphisches Ablaufschema dienen:

---

[1] Beim B-Geschäft wird dem Verkäufer von einem Teilzahlungskreditinstitut ein Kredit eingeräumt, der diesen Kredit an den Käufer weitergibt. Das C-Geschäft entspricht weitgehend dem B-Geschäft, nur werden hier die spezifischen Raten durch Wechsel abgesichert, die vom Verkäufer auf den Käufer gezogen werden.

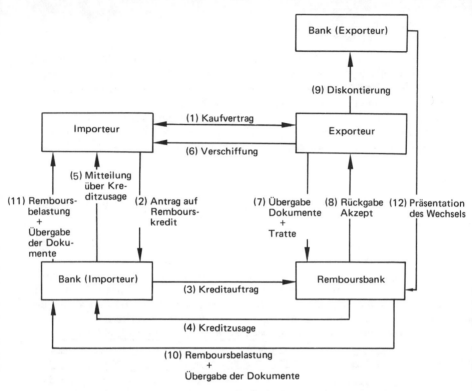

Abb. 23: Abwicklung eines Rembourskredits[1]

3.3.1.10 Der Negoziationskredit und das Akkreditiv

Eine weitere Kreditart im Außenhandelsgeschäft ist der **Negoziationskredit**. Er hebt sich vom Rembourskredit dadurch ab, daß bei diesem der Exporteur von der deutschen Bank ein Akzept erhält, das er bei seiner Hausbank diskontieren kann, während beim Negoziationskredit die Bank des Exporteurs sich verpflichtet, einen vom Exporteur auf den Importeur gezogenen Wechsel sofort anzukaufen, unabhängig davon, ob die Tratte vom Importeur oder seiner Bank akzeptiert worden ist. Voraussetzung ist, daß sich die Bank des Exporteurs im Besitze eines Dokumenten-Akkreditivs befindet. Als Dokumenten-Akkreditiv bezeichnet man den Auftrag eines Bankkunden an sein Kreditinstitut, einem Dritten (dem Akkreditierten) einen bestimmten Geldbetrag zur Verfügung zu stellen, aber diesen Betrag erst in dem Zeitpunkt auszubezahlen, wenn der Akkreditierte die entsprechenden Dokumente der Bank übergibt.

[1] Quelle: **Vormbaum, H.,** Finanzierung der Betriebe, a.a.O., S. 196

3.3.1.11 Die Finanzierung über den Eurogeldmarkt

In zunehmenden Maße gewinnt der sogenannte Eurogeldmarkt für die kurzfristige (gelegentlich auch langfristige) Kreditaufnahme an Bedeutung. Der Eurogeldmarkt bezeichnet einen **internationalen Geld-** und **Kapitalmarkt,** auf dem Guthaben fester Währungen außerhalb der Ursprungsländer dieser Währungen vermittelt werden (vor allem $, sfrs, DM). Die Verzinsung der Eurogeldkredite ist sehr schwer zu erfassen, da sie sich der jeweiligen **Angebots-** und **Nachfragesituation** und der internationalen **Währungssituation** anpassen.[1]

3.3.1.12 Das Factoring

Als eine besondere, vor allem in den USA aktuelle Methode der Absatzfinanzierung kann das Factoring angesehen werden. Ganz allgemein kann man das Factoring als ein Finanzierungsgeschäft bezeichnen, bei dem ein Finanzierungsinstitut (Factor) die bei einer Anschlußfirma (Klient, Lieferanten) entstehenden Forderungen einmalig oder laufend Valuta Verfalltag ankauft und das volle Risiko für ihren eventuellen Ausfall selbst übernimmt. Der Factor bemüht sich dann in eigener Rechnung um den Einzug der Forderungen, dadurch fallen für ihn die ganzen verwaltungstechnischen Arbeiten an, die sich aus dem Forderungseinzug ergeben. Somit erfüllt das Factoring vier wesentliche Funktionen:

— **Die Ankaufsfunktion**
— **Die Delkrederefunktion**
— **Die Dienstleistungs- oder Servicefunktion**
— **Die Liquiditätsfunktion (Finanzierungsfunktion)**

(a) Die Ankaufsfunktion

Das Factorinstitut kauft in der Regel alle entstehenden Forderungen bei seinem Klienten auf. Für das Factoringgeschäft ist es dabei von eminenter Bedeutung, daß die **Fälligkeit der Forderungen genau bestimmbar** ist. Geschäftsvorgänge mit unverbindlichen Lieferfristen und alternierenden Zahlungsbedingungen sind für das Factoringgeschäft ungeeignet. Außerdem ist ein **Mindestumsatz** von etwa 1 Million DM bei der Anschlußfirma vorauszusetzen, da sonst das Factoring unrentabel wird.

(b) Die Finanzierungsfunktion

Die Anschlußfirma besitzt zwei Möglichkeiten, sich über den Factor zu finanzieren.

Die erste Möglichkeit liegt in der **Bevorschussung** der verkauften Forderungen begründet. Dabei kann im Factorvertrag festgelegt sein, daß der Factor verpflichtet wird, die entstehenden Forderungen sofort zu bevorschussen, es

---

[1] Eine ausführliche Darstellung hierzu finden Sie in unserem Skriptum „Geld, Kredit & Währung"

kann aber auch vereinbart werden, daß die Bevorschussung der laufenden Forderungen zu einem späteren Zeitpunkt, der zwischen Entstehung der Forderung und ihrem Fälligkeitstag liegt, vorgenommen wird. Nur selten werden dabei die vollen Forderungsbeträge bevorschußt; aller Regel nach werden 10 - 20 % des Forderungsniveaus auf ein **Sperrkonto** festgelegt, um Minderungen des Forderungsbestandes entgegenzuwirken. Es ist darauf hinzuweisen, daß es der Anschlußfirma möglich ist, auch auf die Bevorschussung der Forderungen zu verzichten und sich mit dem Eingang am Fälligkeitstag zu begnügen. Dies ist insbesondere der Fall, wenn der Klient die Wertpräferenz auf andere Funktionen des Factoring — hauptsächlich auf die Dienstleistungsfunktion — verschiebt.

Gelegentlich kann der Factor, unabhängig von der Bevorschussung, seinem Klienten einen mittel- oder langfristigen **Kredit** einräumen, der wie ein normaler Bankkredit besichert wird. Dies ist als zweite Finanzierungsmöglichkeit über den Factor anzusehen.

(c)   **Die Delkrederefunktion**

Der Factor überprüft die ihm angebotenen Forderungen auf ihre **Bonität.** Bei kreditwürdigen Debitoren ist der Factor bereit, das **Delkredere-Risiko** (Forderungsausfallrisiko) ohne Beteiligung für den Klienten zu übernehmen, d.h. mit dem Forderungsankauf verzichtet der Factor auf ein Rückgriffsrecht auf den Klienten im Falle eines Forderungsausfalls. In der Regel wird dieses Delkredere-Risiko nicht in unbegrenzter Höhe übernommen, sondern der Factor setzt dem Klienten ein **Limit,** bis zu dessen Höhe er das Risiko übernimmt; für darüber hinausreichende Ausfälle und für Forderungen, bei denen der Factor die Übernahme der Delkrederefunktion abgelehnt hat, muß der Klient eintreten. Unbeschadet der Übernahme des Ausfallwagnisses gehen **Gewährleistungsansprüche** aus Lieferungsverzug und aus **Mängelrügen** zu Lasten des Klienten.

(d)   **Die Dienstleistungs- oder Servicefunktion**

Durch die Abtretung des gesamten Forderungsbestandes an den Factor geht die gesamte **Debitorenbuchhaltung** mit ihren Einrichtungen (Inkasso, Bonitätsüberwachung der Schuldner, Ausschreibung und Versand von Mahnungen) auf den Factor über. Das bedeutet für den Klienten eine Verringerung des Verwaltungsaufwands, dem geringere Factoringkosten gegenüberstehen, da der Factor aufgrund eines rationelleren Forderungseinzugsverfahrens (nahezu ausschließlich werden heute zu diesem Zweck EDV-Anlagen verwendet) kostengünstig kalkulieren kann. In gewissem Rahmen nimmt der Factor auch eine **Beratungsfunktion** für den Klienten wahr, da er Einblicke in wesentliche Geschäftsbereiche der Anschlußfirma erhält und Vergleiche anstellen kann.

Der **Zinssatz,** den der Factor als Entgelt für Bevorschussungen berechnet, entspricht in etwa dem von Banken für Kredite belasteten Sollzinssatz. Es wird der Diskontsatz der Deutschen Bundesbank zugrundegelegt und darauf ein Aufschlag von 4,5 % erhoben. Die **Factoringgebühr** (Dienstleistungs- und Delkredereprovision) wird als Prozentsatz vom Nettobetrag der Rechnungen erhoben. Diese Gebühr ist von einer Reihe von Parametern abhängig (bei Übernahme der Dienstleistungsfunktion vom Gesamtumsatz, Durchschnittsbetrag der Rechnungen, Anzahl der Debitoren, durchschnittliche Laufzeit der Forderungen, Art und Umfang der zu übernehmenden Arbeiten, die zusätzlich anfallen). Als näherungsweise geschätzte Bandbreite der Factoringgebühr bei Übernahme der Dienstleistungsfunktion kann eine Spanne von 0,40 % - 2,20 % angenommen werden. Wird zusätzlich das Delkredere-Risiko übernommen, ist noch ein Aufschlag von einem halben bis einem Prozent, je nach der Bonität des Debitoren, üblich.

3.3.2 Die langfristige Fremdfinanzierung

Als langfristige Finanzierungsmöglichkeiten kommen sowohl einzelne kurzfristige Finanzierungsarten in Betracht, soweit sie langfristigen Charakter annehmen können, als auch spezifisch langfristig ausgerichtete Finanzierungsarten. Eine systematische Einteilung langfristigen Fremdkapitals wird durch ein äußerst uneinheitliches Schrifttum erschwert:

WÖHE[1] unterteilt langfristiges Fremdkapital in:

— **Anleihen**
— **Hypothekenschulden**
— **sonstige langfristige Darlehen**

KRAUSE[2] nimmt folgende Einteilung vor:

— **Kundenanzahlung**
— **Lieferantendarlehen**
— **Schuldscheindarlehen und Obligation**
— **langfristige Bankdarlehen**

VORMBAUM[3] differenziert zwischen:

— **Realkredit**
— **Schuldscheindarlehen**
— **Pfandbriefen**
— **Kommunaldarlehen**
— **Staatsanleihen**

---

[1] vgl. dazu: **Wöhe, G.,** Einführung in die allgemeine Betriebswirtschaftslehre, a.a.O., S. 576 f.

[2] vgl. dazu: **Krause, M.,** Die langfristige Fremdfinanzierung, in: Handbuch der Unternehmensfinanzierung, Hrsg. O. Hahn, München 1971, S. 643 ff.

[3] vgl. dazu: **Vormbaum, H.,** Finanzierung der Betriebe, a.a.O., S. 211 ff.

WITTGEN[1] beschränkt sich auf die Finanzierungsarten der

— **Anleihen** und
— **Schuldscheindarlehen**

als wichtigste Formen der Fremdfinanzierung mit langfristigem Charakter.

Betrachtet man die Möglichkeiten der langfristigen Fremdfinanzierung unter dem Blickwinkel der Finanzierung der Betriebe, so kann auf die Darstellung spezifischer Finanzierungsmöglichkeiten der öffentlichen Hand (kommunale Schuldverschreibungen, Staatsanleihen) und der Kreditinstitute (Pfandbriefe) verzichtet werden. In diesem Rahmen ergeben sich für die langfristige Fremdfinanzierung folgende Alternativen:

(1) **Das langfristige Darlehen auf Grundpfandrechte**
(2) **Die Anleihe in der Form der Schuldverschreibung**
(3) **Das Schuldscheindarlehen**

3.3.2.1 Das langfristige Darlehen mit Sicherung durch Grundpfandrechte

Langfristige Darlehen bedürfen in der Regel einer besonderen **Sicherung.** Generell stehen zwei Alternativen einer Absicherung längerfristiger Kredite zur Verfügung. Zum einen kann die Ausstellung eines **Schuldscheines** erfolgen oder aber das Darlehen wird mittels **Grundpfandrechten** abgesichert. Auf das Schuldscheindarlehen soll an anderer Stelle eingegangen werden. Bei der Sicherung durch Grundpfandrechte kommt die Eintragung einer **Hypothek** oder einer **Grundschuld** in Betracht.

Die **Hypothek** als Pfandrecht an einem Grundstück ist untrennbar mit einem genau bezeichneten Darlehen verknüpft und geht mit der Rückzahlung dieses Darlehens unter. Der **Schuldgrund** (Darlehen) berührt nur den persönlichen Schuldner, der nicht Eigentümer des belasteten Grundstücks zu sein braucht. Der persönliche Schuldner ist dem Gläubiger zur Rückzahlung des Darlehens verpflichtet und haftet dafür mit seinem gesamten Vermögen. Der Eigentümer des mit der Hypothek belasteten Grundstücks haftet dagegen nur mit dem Grundstück und hat keine **Schuldverpflichtung.** In der Regel werden aber persönlicher Schuldner und Eigentümer des belasteten Grundstücks miteinander identisch sein. Kann der Schuldner das Darlehen nicht in der vereinbarten Form zurückbezahlen, so stehen dem Gläubiger die Wege der **Zwangsversteigerung** oder der **Zwangsverwaltung** des Grundstücks offen.

Regelform bei der Hypothekensicherung langfristiger Darlehen ist die **Verkehrshypothek.** Bei der Verkehrshypothek kann sich der gutgläubige Erwerber darauf verlassen, daß die Eintragung im Grundbuch richtig ist und er durch dieses geschützt wird. Die Verkehrshypothek kann **Buchhypothek** oder **Briefhypothek** sein. Von einer **Briefhypothek** spricht man, wenn eine Urkunde über die Hypo-

---

[1] vgl. dazu: **Wittgen, R.,** Einführung in die Betriebswirtschaftslehre, München 1974, S. 240

thekenbestellung, der sogenannte Hypothekenbrief, ausgestellt wird. Die Brief-hypothek kann dann durch Übertragung des Hypothekenbriefes übergeben werden, ohne daß eine Eintragung im Grundbuch erfolgen muß. Bei der **Buchhypothek** wird kein Hypothekenbrief angefertigt. Die Übertragung kann nur durch **Grundbucheintragung** erfolgen.

Durch die Verkehrshypothek wird Anlagevermögen zur Sicherung des langfristigen Darlehens herangezogen, das dazu dient, andere Teile des Anlagevermögens oder Umlaufvermögens zu beschaffen. Die Finanzierungskosten richten sich nach der Art der Tilgung. Es bestehen drei Möglichkeiten der Rückzahlung eines Hypothekendarlehens:

Zinshypotheken = jährliche Zinszahlungen und Gesamtrückzahlung

Tilgungs- oder Annuitätenhypotheken = gleichbleibende Jahreszahlungen, die sich aus Tilgung + Jahreszins zusammensetzen (mit zunehmender Dauer fallen die Zinsen, werden aber durch höhere Tilgungsraten ausgeglichen) und schließlich die

Abzahlungshypothek = langsam fallende Jahresleistungen (Tilgungsraten bleiben unverändert, während die Zinsen sinken).

Die Zins- und Tilgungskosten der verschiedenen Hypothekenarten variieren somit weniger in ihrem absoluten Betrag, sondern im **Zeitpunkt** des Anfalls der Kosten.

Letztlich ist darauf hinzuweisen, daß der Darlehensnehmer vielfach nicht den vollen Hypothekenbetrag erhält, da ein **Damnum** oder **Disagio** zum Abzug kommt. Da die Verbindlichkeit in der Bilanz in voller Höhe zu passivieren ist, muß als Ausgleich das Disagio und Damnum aktiviert werden. Dazu ein Beispiel:

Gewährung eines Hypothekendarlehens in Höhe von 180 000 DM, berechnetes Disagio 25 000 DM, Banküberweisung. Die Buchung lautet dann:

Bank   155 000   an Hypothekendarlehen   180 000

aRAP (aktive Rechnungs-
abgrenzung des Disagio)   25 000

Neben der Sicherung eines langfristigen Darlehens mittels Hypothek tritt als zweite Möglichkeit der Sicherung durch Grundpfandrechte die Sicherung durch die **Grundschuld**. Die Grundschuld grenzt sich dadurch von der Hypothek ab, daß sie nicht an ein Schuldverhältnis gebunden sein muß. Als **Grundschuld** bezeichnet man die Belastung eines Grundstücks dergestalt, daß an den Begünstigten eine bestimmte Geldsumme aus dem Grundstück zu zahlen ist. Die Grundschuld findet vor allem bei der Finanzierung von Grundstücks- und Gebäudekäufen und für Erweiterungsbauten Anwendung. Bei der Sicherung langfristiger Bankkredite wird heute der Grundschuld der **Vorzug** gegenüber der Hypothek gegeben. Die Grundschuld ist als **Brief-** oder **Buchgrundschuld** im

Grundbuch eintragungspflichtig.

Eine besondere Ausprägung der Grundschuld stellt die Eigentümergrundschuld dar. Der Eigentümer läßt hier für sich selbst eine Grundschuld eintragen und sichert sich dadurch für künftige Kreditaufnahmen die erste Stelle im Grundbuch. Gegen Verpfändung oder Abtretung der Grundschuld kann er auf diese Weise einen auftretenden Kapitalbedarf befriedigen. Ein weiterer Vorteil der Eigentümergrundschuld liegt darin begründet, daß nicht für jedes Kreditgeschäft eine neue Grundschuld bestellt werden muß und kostenverursachende Grundbuchänderungen vermieden werden.

3.3.2.2   Anleihen in Form der Schuldverschreibungen

Unter Anleihen ist die langfristige Inanspruchnahme privaten Geldkapitals zur Deckung eines außerordentlichen Kapitalbedarfs zu verstehen. In der Regel erfolgt die Kreditaufnahme bei der Anleihe durch die Ausgabe von Schuldverschreibungen (auch Teilschuldverschreibungen oder Obligationen genannt). Die Schuldverschreibung ist ein Wertpapier, in dem sich der Aussteller (Emittent) dem Gläubiger gegenüber zu einer Leistung verpflichtet, die im Regelfall in einem Geldbetrag und einer laufenden Verzinsung besteht (Ausnahme: Gewinnbeteiligung bei der Gewinnschuldverschreibung). Rechtsgrundlage für die Inhaberschuldverschreibungen bilden die §§ 793 - 808a BGB, die Industrieschuldverschreibungen werden meistens als Orderschuldverschreibungen nach § 808 a BGB ausgegeben.

Schuldverschreibungen sind sämtliche Anleihen von Staaten, Ländern, Gemeinden, Kreditinstituten sowie von privaten Unternehmen. Die Modalitäten der Anleihen der öffentlichen Hand sollen aus den erwähnten Gründen nicht weiter erörtert werden. Unter den Anleihen der privaten Unternehmer nehmen die Industrieobligationen mit ihren Sonderformen der Gewinnschuldverschreibungen, Wandelschuldverschreibungen und der Optionsanleihe eine dominante Stellung ein.

Für die Ausgabe von Schuldverschreibungen bedarf es einer besonderen staatlichen Genehmigung. Die Laufzeit der Schuldverschreibungen beträgt 10 Jahre und mehr. Während dieser Zeit ist die Schuldverschreibung durch den Gläubiger unkündbar, während für den Schuldner nach Ablauf der Sperrfrist eine Kündigungsmöglichkeit besteht. Die Schuldverschreibungen sind in der Regel mit einem festen Zinssatz ausgestattet, der sich nach dem landesüblichen Zinssatz richtet. Die Zinstermine weisen meist einen Halbjahresabstand auf (z.B. Januar/ Juli). Durch Konversion (Möglichkeit der Heraufsetzung oder Herabsetzung) kann allerdings eine hochverzinsliche Schuldverschreibung in eine niedriger verzinsliche umgewandelt werden und umgekehrt. Bei Schuldverschreibungen ist, ähnlich wie beim Darlehen, eine differenzierte Rückzahlung (besser Rückkauf) möglich. Entweder es erfolgt Gesamtrückzahlung der gesamten Anleihe am Ende der Laufzeit oder aber Rückzahlung in Etappen für einzelne Anleiheserien. Für die etappenweise Rückzahlung haben sich als gebräuchlichste Formen

— die Auslosung einzelner Gruppen zu bestimmten Terminen,

— der freihändige Rückkauf über die Börse und

— der Rückruf durch Kündigung

etabliert. Zur Erhebung der Zinsen sind die Schuldverschreibungen mit Zinsscheinen in Form des Kuponbogens und einem Erneuerungsschein (Talon) ausgestattet. Für die Stückelung der Obligation bestehen keine besonderen Vorschriften, als Mindestnennbetrag hat sich ein Betrag von DM 100,— eingebürgert.

Bei Schuldverschreibungen ist häufig eine Abweichung zwischen dem Rückkaufkurs und dem Ausgabekurs zu verzeichnen, dergestalt, daß der Ausgabekurs niedriger als der Rückzahlungskurs bewertet wird. Der Ausgabekurs ist entweder gleich dem Nennwert oder aber unter pari (bei der Aktie nicht zulässig!), während der Rückzahlungskurs sich meistens bei 100 % einpendelt oder knapp darüber liegt. Dieses Disagio bewirkt eine Veränderung des nominellen zum effektiven Zins.

Beispiel: Emmissionkurs 97 % (unter pari)
              Rückzahlungskurs 103 %

Für den Betrieb bedeutet die Unterpariausgabe und die Überparirückzahlung einen Disagioverlust von 60 DM bei einer 1 000 DM Schuldverschreibung (970 DM zu 1 030 DM). Dieses Disagio ist in die aktive Rechnungsabgrenzung einzustellen, da die Bilanzierung der Obligationen zum Rückzahlungskurs erfolgen muß. Das Disagio ist durch jährliche Abschreibungen — verteilt auf die Laufzeit der Anleihe — zu tilgen.

3.3.2.2.1   Die Wandelschuldverschreibung

Die Wandelschuldverschreibung bezeichnet eine Schuldverschreibung, bei der neben dem Anspruch auf Rückzahlung des Nennwertes und der entsprechenden Zinsen nach Wahl auch ein Umtausch auf Aktien eingeräumt wird. Die Wandelschuldverschreibungen (convertible bonds) können nach dem Ermessen des Inhabers während einer bestimmten Zeit zu einem genau bestimmten Umtauschverhältnis in Aktien der Gesellschaft umgewandelt werden. Sie stellen somit für die Gesellschaft solange Fremdkapital dar, bis der Inhaber der Wandelschuldverschreibung von dem Umtauschrecht Gebrauch gemacht hat. Die Ausgabe von Wandelschuldverschreibungen muß unbeschadet der sonstigen gesetzlichen Vorschriften bei der Aktiengesellschaft durch einen Beschluß der Hauptversammlung mit 3/4 Mehrheit des vertretenen Nominalkapitals genehmigt sein. Falls nichts anderes bestimmt ist, steht den Aktionären ein Bezugsrecht an den Wandelschuldverschreibungen zu. Mit dem Umtausch der Wandelschuldverschreibung erlöschen die Anrechte aus der Schuldverschreibung.

Die **Bedeutung** der Wandelschuldverschreibung liegt darin, daß sie Möglichkeiten der Kapitalbeschaffung in Zeiten eröffnet, in denen eine zusätzliche Aktienausgabe oder die Ausgabe anderer Obligationen nicht zum gewünschten Ziel führen würde. Für den Zeichner der Wandelschuldverschreibung ergibt sich der Vorteil, daß er einen gleichmäßigen, garantierten Zins erhält und unter günstigen Situationsentwicklungen die Schuldverschreibung in eine dividendenberechtigte und entwicklungsfähige Aktie umwandeln kann. Vor allem bei einem drohenden Währungsverlust wird der Aktie der Vorzug gegeben werden. Für die Gesellschaft liegen Vorteile in der steuerlich günstigeren Behandlung der Schuldverschreibungszinsen gegenüber der Dividendenbesteuerung. Nachteile für die Unternehmung liegen in der Ungewißheit der Entwicklung des Verhältnisses von Eigenkapital zu Fremdkapital, da keine Umtauschpflicht besteht und nicht bekannt ist, in welchem Umfang die Anleihezeichner von dem Umtauschrecht Gebrauch machen. Folglich ist darauf zu achten, daß die Obligationen gegebenenfalls auch eingelöst werden können.

3.3.2.2.2 Die Optionsanleihe

Bei der **Optionsanleihe** erwirbt der Anleihezeichner (wie bei der Wandelschuldverschreibung) ein **Bezugsrecht** auf die Aktien der Gesellschaft innerhalb einer festgesetzten Frist zu einem bestimmten Bezugskurs, jedoch im Gegensatz zur Wandelschuldverschreibung besteht die Obligation auch nach Ausübung des Bezugsrechts weiter oder aber die Obligation wird in Zahlung gegeben. Der Aktienerwerb erfolgt also in diesem Fall nicht durch Umtausch, sondern durch Kauf. Ein Gebrauch des Bezugsrechts bei Weiterbestand der Optionsschuldverschreibung bedeutet also für die Unternehmung Zuführung zusätzlichen **Eigenkapitals** bei gleichbleibendem Fremdkapital. Auf diese Weise gerät der Inhaber in die Situation zugleich Gesellschafter (Aktie) und Gläubiger (Schuldverschreibung) der Gesellschaft zu sein. Wie bei den Wandelschuldverschreibungen steht den Aktionären auch ein Bezugsrecht an den Optionsanleihen zu.

3.3.2.2.3 Die Gewinnschuldverschreibung

Eine weitere Sonderform der Schuldverschreibungen sind die **Gewinnschuldverschreibungen**, die dadurch gekennzeichnet sind, daß die Gläubiger mit **Gewinnanteilen** der Aktionäre in Verbindung gebracht werden, d.h. die Gläubiger haben neben einem festen Mindestzins aus der Schuldverschreibung einen Anspruch auf einen Zusatzzins in Höhe eines bestimmten Prozentsatzes der Dividende oder aber sie sind nicht mit einem festen Zins ausgestattet und haben lediglich einen nach oben begrenzten **Gewinnanspruch**. Es besteht kein Umtauschrecht oder Bezugsrecht an Aktien und die Gewinnobligationen sind in ihrer Art wirtschaftlich dem Eigenkapital (Gewinnbeteiligung) verwandt, juristisch gesehen aber Fremdkapital (Anspruch auf Rückzahlung, Konkursvorrecht).

3.3.2.3 Das Schuldscheindarlehen

Unter einem **Schuldscheindarlehen** versteht man einen langfristigen Großkredit, der entweder von Einzelkreditgebern oder (die Regel) von Kapitalsammelstellen (Banken, Versicherungen und Sozialversicherungsträgern) unter Ausschaltung der Börse gegen Schuldschein bereitgestellt wird. Schuldscheindarlehen haben meist die gleichen Laufzeiten wie Schuldverschreibungen und das Kreditvolumen bewegt sich in ähnlichen Größenordnungen. Unter kostenwirtschaftlichen Aspekten sind in der Regel die Kosten eines Schuldscheindarlehens niedriger als die Kosten einer vergleichbaren Schuldverschreibung anzusehen. Die Tilgung des Schuldscheindarlehens kann in gleichen Raten oder mit gleichbleibenden Annuitäten erfolgen.

Häufig werden die Schuldscheindarlehen so konstruiert, daß jeder Kreditgeber sich nur für kurze Zeit an dem Konsortialkredit beteiligt und dann durch einen anderen Kreditgeber ersetzt wird, der seinerseits nur begrenzte Zeit als Kreditgeber herangezogen wird. Die Koordination dieser Kreditsteuerung, auch Revolving genannt, obliegt einem Finanzmakler, der auf diese Weise mehrere kleinere Beträge zu Großbeträgen und kürzere Laufzeiten zu längeren Laufzeiten montiert. Es ist einsichtig, daß ein schwaches Glied in dieser Kette verheerende Folgen nach sich ziehen kann.

Bei kritischer Beurteilung der bislang genannten Fremdfinanzierungsmöglichkeiten mit langfristigem Charakter ist festzustellen, daß die Finanzierungsarten der Anleihen und des Schuldscheindarlehens aufgrund des hohen Kreditvolumens und des Kapitalmarktes nur für große, allenfalls mittlere Unternehmungen in Frage kommen. Für kleinere Unternehmungen steht zur langfristigen Fremdfinanzierung nur die Aufnahme langfristiger Darlehen, die durch Grundpfandrechte abgesichert sind, zur Verfügung, sofern es ihnen nicht gelingt, kurzfristige Kredite in langfristige Kredite zu transformieren.

Generell darf nicht übersehen werden, daß eine ausgegebene Anleihe aufgrund der Belastung der Anlagewerte zwecks Sicherstellung weitere Möglichkeiten zur Kreditaufnahme blockiert. Die Unternehmung ist dann auf Blankokredite ihrer Bank angewiesen. Die feste Verzinsung birgt nicht nur einen steuerlichen Vorteil in sich, sondern sie kann auch zur drückenden Last werden, sobald die Gewinnsituation der Unternehmung rückläufig ist.

Kontrollfragen zu Abschnitt 3.3

1   *Wodurch unterscheidet sich das Fremdkapital vom Eigenkapital?*

2   *Nennen Sie Vor- und Nachteile der Fremdfinanzierung!*

3   *Vollziehen Sie die Kriterien der Einteilung der Fremdfinanzierungsarten in Anlehnung an WITTE nach!*

4   *Erläutern Sie das Wesen des Kontokorrentkredits!*

5   *Vergleichen Sie den Kontokorrentkredit mit dem Akzeptkredit!*

6   *Ist der Avalkredit ein Geldleihgeschäft?*

7   *Beschreiben Sie die Problematik des Lieferantenkredits!*

8   *Besteht bei der Kundenanzahlung eine Zahlungsverpflichtung seitens des Kreditnehmers?*

9   *Welche Form eines langfristigen Konsortialkredits kennen Sie?*

10   *Wonach richtet sich die Verzinsung auf dem Eurogeldmarkt?*

11   *Skizzieren Sie den Unterschied zwischen Hypothek und Grundschuld und nehmen Sie eine vergleichende Bewertung vor!*

12   *Nehmen Sie zu der Haftung des Hypothekenschuldners Stellung!*

13   *Worin besteht der Unterschied zwischen Anleihe und Schuldverschreibung?*

14   *Welche Möglichkeiten der Rückzahlung bietet die Schuldverschreibung?*

15   *In welcher volkswirtschaftlichen Situation ist eine Wandelschuldverschreibung angeraten?*

16   *Welchen Einfluß haben Wandelschuldverschreibung und Optionsanleihe auf das Fremdkapital?*

17   *Zeigen Sie das Risiko des Gläubigers bei der Gewinnschuldverschreibung!*

18   *Erklären Sie das System des Revolving und führen Sie in Anlehnung an einen praktischen Fall (z.B. Münemann) aus, welche Risiken dieses System in sich birgt!*

19   *Wie beurteilen Sie die Position mittlerer und kleinerer Unternehmen als Nachfrager am langfristigen Kreditmarkt?*

20   *Beschreiben Sie die Funktion des Factoring!*

4. LEASING ALS ALTERNATIVE BEI DER INVESTITIONSGÜTERBESCHAFFUNG

4.1 WESEN UND FORMEN DES LEASING

Beim **Leasing** handelt es sich um eine Form der Beschaffung von Investitionsgütern, bei der der **Leasinggeber** sich durch einen meist längerfristigen Vertrag verpflichtet, dem **Leasingnehmer** genau bezeichnete Investitionsgüter (beweglicher und unbeweglicher Natur) gegen Leistung eines festgesetzten (zumeist monatlichen) Entgelts zur Nutzung zu überlassen. Dem Leasing im eigenen Wortsinn als wirtschaftliche Miete (**Financial Leasing**) steht die traditionelle Miete als juristischer Tatbestand des BGB (**Operating Leasing**) gegenüber.

Das **Operating Leasing** weist eine enge Entsprechung zur klassischen **Miete** auf. Es wird dadurch charakterisiert, daß das **Investitionsrisiko** sowie der Wartungs- und Reparaturkundendienst vom Leasinggeber (Vermieter) übernommen wird. Dem Mieter steht in der Regel ein kurzfristiges **Kündigungsrecht** des Mietvertrages zu, es wird also keine bestimmte **Grundmietzeit** vereinbart, innerhalb der die vollständige **Amortisation** der Anlage erfolgt. Das Interesse des Leasingnehmers ist auf die **Nutzung** des Leasinggegenstandes ausgerichtet. Objekte des Operating Leasing sind die Vermietung von Wohn- und Geschäftsgebäuden, Lagerhallen, Kraftfahrzeugen und von fungiblen Wirtschaftsgütern. Da das Operating Leasing keinen **Finanzierungsvorgang** wie die Miete und die Pacht darstellt, soll auf eine weitere Erörterung verzichtet werden.

Im Gegensatz zum Operating Leasing geht es beim **Financial Leasing** nicht um die Übertragung von Objektnutzungen, sondern um die **Übertragung des Objektes** selbst. Als Charakteristikum des Financial Leasing, das als das eigentliche Leasing gelten kann, kann angeführt werden, daß nicht der Leasinggeber als Vermieter, sondern der Leasingnehmer das **Investitionsrisiko** trägt (Risiko des zufälligen Untergangs, der wirtschaftlichen Überalterung). Der Leasinggeber trägt das **Verwertungsrisiko** nach Ablauf der Mietzeit. Die Verträge lauten auf eine langfristig vereinbarte **Grundmietzeit** und sind in der Regel während dieser Zeit von beiden Seiten **unkündbar**. Diese Grundmietzeit ist kürzer bemessen als die **betriebsgewöhnliche Nutzungsdauer**; dieser Umstand ist bei der Bilanzierung von großer Bedeutung, da sich die Bilanzierung des Leasingobjektes nach dem Verhältnis der Grundmietzeit zur betriebsgewöhnlichen Nutzungsdauer richtet:

Grundmietzeit in % der betriebsgewöhnlichen Nutzungsdauer	bewegliche Wirtschaftsgüter Zurechnung dem	unbewegliche Wirtschaftsgüter	
		Grund und Boden Zurechnung dem	Gebäude Zurechnung dem
< 40	Leasingnehmer	Leasinggeber	Leasingnehmer
40 - 90	Leasinggeber	Leasinggeber	Leasinggeber
> 90	Leasingnehmer	Leasinggeber	Leasinggeber

Abb. 24: Die Bilanzierung des Leasing[1]

Beim Financial Leasing werden die zu entrichtenden monatlichen oder jährlichen Raten so bemessen, daß die gesamten dem Leasinggeber für Anschaffung, Anschaffungsnebenkosten und Verwaltung des Leasingobjektes entstandenen Kosten während der Grundmietzeit vom Leasinggeber zu bezahlen sind.

Häufig wird dem Leasingnehmer am Ende der Grundmietzeit eine **Anschlußmietoption** zugestanden. Da das Leasinggut zu diesem Zeitpunkt bereits voll **amortisiert** wurde, wird diese **Folgemiete** sehr niedrig bemessen sein. Wirtschaftlich gesehen stellt diese Form des Leasing eine spezifische Variante der Fremdfinanzierung dar, wobei der Leasingnehmer als **Investor** auftritt und der Kapitalgeber (Leasinggeber) statt Geldkapital unmittelbar das gewünschte **Sachkapital** zur Verfügung stellt. Die Form des Financial Leasing ist vor allem bedeutungsvoll bei der Miete von Maschinen, maschinellen Anlagen und ganzen Betriebs- und Geschäftsausstattungen.

Von einem **Revolving Leasing** spricht man, wenn die Leasingobjekte nach einer etwas kürzeren vereinbarten Grundmietzeit durch neuwertige Leasingobjekte der gleichen Art ersetzt werden. Damit wird erreicht, daß die Anlagen immer auf dem neuesten Stand bleiben (vor allem bei Gütern, die aufgrund eines schnellen technischen Fortschritts oder eines hohen Verschleißes eine relativ geringe Haltbarkeitsdauer aufweisen).

Ein Leasing in Form des „sale and lease back" liegt vor, wenn eine Unternehmung bereits in Gebrauch befindliche Objekte, die sich im Eigentum der Unternehmung befinden, an einen Leasinggeber verkauft und unter Abschluß eines Leasingvertrages die Objekte vom Leasinggeber **zurückmietet**. Auf diese Weise kann sich der Leasingnehmer flüssige Mittel verschaffen. Diese Leasingform bietet sich in ernster wirtschaftlicher Situation als Alternative zur Veräußerung betriebsnotwendiger Vermögensteile an.

[1] Bei Vorliegen einer Kauf- oder Verlängerungsoption gelten andere bilanzielle Vorschriften, vgl. dazu: **Wirtschaftsprüfer-Handbuch 1973**, Hrsg. Institut der Wirtschaftsprüfer in Deutschland e.V., Düsseldorf 1973, S. 544 f.

4.2 ORGANISATION UND ABWICKLUNG

In der praktischen Durchführung eines **Leasingvertrages** lassen sich zwei Arten unterscheiden: Im einfachsten Fall wird der Vertrag zwischen einem anbietenden Eigentümer (z.B. Produzenten), der als Vermieter auftritt, und einem nachfragenden Mieter abgeschlossen. Viele Produzenten sind bereits dazu übergegangen (z.B. in der Kraftfahrzeugbranche VW-Leasing und BMW-Leasinggesellschaften), rechtlich eigenständige Leasinggesellschaften dem Unternehmenskonzern anzugliedern. Im allgemeinen werden jedoch die Leasingverträge zwischen drei Vertragspartnern abgeschlossen. Dabei nimmt die juristisch und wirtschaftlich selbständige **Leasinggesellschaft** oder der Leasinggeber eine **Mittlerrolle** zwischen Produzenten und Mietern ein.

Haben sich Produzenten und Mieter auf die in Frage kommenden Objekte in Art und Umfang geeinigt, wird die Leasinggesellschaft aufgefordert, diese Objekte auf **eigene Rechnung** gegen bar zu erwerben mit der verpflichtenden Zusage, die Objekte zu den vereinbarten Bedingungen aufgrund eines **Leasingvertrages** an den Mieter zu vermieten. In der Regel sind also Leasingunternehmen reine **Finanzierungsunternehmen,** die weder Objekte lagern noch nach Beendigung der Mietzeit selbst verwenden.

4.3 BETRIEBSWIRTSCHAFTLICHE BETRACHTUNG DES LEASING

4.3.1 Steuerliche Behandlung

Die steuerliche Behandlung von Leasingverträgen ist bislang umstritten. Die Finanzverwaltung war der Ansicht, daß bei Leasingverträgen, deren Grundmietzeit kürzer als die betriebsgewöhnliche Nutzungsdauer ist und deren Nutzungsentgelt so bemessen ist, daß der Mieter innerhalb der Grundmietzeit die Anschaffungs- oder Herstellkosten des Leasingobjekts voll entrichten muß, der Mieter als **wirtschaftlicher Eigentümer** anzusehen ist, und somit der Mieter (Leasingnehmer) das Leasingobjekt mit seinen Anschaffungs- oder Herstellungskosten in seiner Steuerbilanz zu aktivieren und in gleicher Höhe eine Verbindlichkeit zu passivieren habe. Für die Absetzungen gilt § 7 EStG. Das Nutzungsentgelt ist in einen Zinsanteil und in einen Tilgungsanteil aufzuspalten; **abzugsfähig** bleibt nur der Zinsanteil. Der Leasinggeber habe in Höhe der Anschaffungskosten eine Forderung zu bilanzieren. Aufgrund einer Vielzahl von Einwendungen wurde diese Ansicht in wesentlichen Zügen abgeändert. Danach sollte es bei der **Aktivierungspflicht des Leasinggebers** bleiben, es sei denn, es liegt ein Mißbrauch vor (etwa dergestalt, daß die betriebsgewöhnliche Nutzungsdauer um 50 % unterschritten wird, bei gleichzeitiger Verlängerungsoption ohne nennenswerte Gegenleistung des Mieters).

Einen neuen Meilenstein setzte das **BFH-Urteil** vom 26.1.1970: Weisen Leasingverträge eine Grundmietzeit auf, die die betriebsgewöhnliche Nutzungsdauer des Objektes erheblich überschreitet und hat der Leasingnehmer darüberhinaus ein Anrecht auf eine Anschlußmietoption (Verlängerungsoption) oder Kaufoption, bei deren Inanspruchnahme er wesentlich weniger zu zahlen hat als bei einer vergleichbaren Miete oder Kauf, so sind derartige Leasingobjekte **steuerlich** dem Leasingnehmer zuzurechnen. Liegt kein Optionsanrecht vor, gilt dieselbe steuerliche Behandlung, wenn Nutzungszeit und Grundmietzeit sich annähernd decken oder wenn die Gegenstände **speziell** auf den Leasingnehmer zugeschnitten sind und nur von diesem nach Beendigung der Grundmietzeit weiterhin in sinnvoller Weise verwendet werden können. Ist ein Leasingvertrag nicht von diesen gesetzlichen Beschränkungen betroffen, ergibt sich ein **Steuerstundungseffekt.** Die sofortige Abzugsfähigkeit der Mietraten als Betriebsausgaben und eine damit verbundene Verkürzung der Abschreibungsdauer wird bei steigenden Steuersätzen und steigendem Kalkulationszinsfuß als Anreiz empfunden, wenngleich es sich nur um eine Aufwandsverschiebung handelt.

4.3.2 Kapitaleinsparung

Eine Investitionsentscheidung kann den Unternehmer vor die Alternativen **Kauf** oder Miete in Form des **Leasing** des Anlageobjektes stellen. Im Hinblick auf den Kapitalbedarf bedeutet zwar der Leasingvertrag keinen langfristigen Kapitaleinsparungseffekt, da insgesamt gesehen aufgrund der Gewinnrealisation des Leasinggebers die Gesamtkosten des Leasing über dem Kauf liegen. Kurzfristig betrachtet ist jedoch ein indirekter Kapitaleinsparungseffekt zu verzeichnen, da die Belastung auf mehrere Perioden verteilt wird und nicht — wie beim Kauf — einen Spitzenkapitalbedarf in einer Periode verursachen. Damit wird der **Investitionsspielraum** vergrößert.

4.3.3 Kosten der effektiven Zinsbelastung beim Leasing

Die effektive Zinsbelastung wird nach dem **Rentenbarwert** berechnet und kann algebraisch nur näherungsweise ermittelt werden. Im allgemeinen ist bei der ersten Monatsmiete ein **Pauschalbetrag** in Höhe von 10 % der Anschaffungskosten zusätzlich zu entrichten. Bei den **Monatsraten** beträgt der Prozentsatz um die 3 %. Bei einer Monatsrate von 2,3 % (die sämtliche Kosten wie Zinsen, Tilgung, Amortisation abdeckt) würde die Gesamtrückzahlung 136 % betragen und sich die effektive Zinsbelastung bei einer fünfjährigen Vertragsdauer auf 20,8 % p.a. belaufen.

Dieser Wert ist allerdings ein Bruttowert. Der Nettozinsaufwand ergibt sich nach Berücksichtigung von Minderungen der Ertragssteuerbelastung.

4.3.4 Kostenvergleich des Leasing mit alternativen Möglichkeiten

Ein anzustrengender Vergleich alternativer Finanzierungsformen kann nur Anhaltspunkte liefern, da sich Partialqualitäten der Alternativen nicht in eine mathematische Form bringen lassen. Ein Vergleich ist nur dann aussagefähig, wenn er die spezifischen, konkreten Verhältnisse einer Unternehmung zum Gegenstand hat. Unter Berücksichtigung aller Einwendungen kommt FLOITGRAF [1] zu folgendem Ergebnis: ,,Wenn ein Kreditnehmer ein bestimmtes Darlehen nur unter Bedingungen erhalten kann, die ihn zwingen, es teilweise aus versteuerten Gewinnen zurückzuzahlen, weil die Kreditlaufzeit kürzer als die Abschreibungszeit ist, während der Mieter in dieser Zeit seine gesamten Mietkosten vom steuerpflichtigen Gewinn absetzen kann, dann sind Fälle denkbar, in denen der Reinertrag des Mieters höher ist als der des Kreditnehmers.''

Zur Untermauerung führt FLOITGRAF eine Berechnung durch, die auf folgenden Annahmen beruht:

(1) In einer Unternehmung wird eine Anlage im Werte von 100 000 DM investiert.

(2) Die hierdurch erzielte Gewinnsteigerung **vor** Abzug der Finanzierungskosten und Steuern beträgt in den folgenden 10 Jahren jährlich 50 000 DM.

(3) Die Steuerbelastung beläuft sich auf 57 % des Gewinns, der nach Abzug der Mietkosten beim Leasingnehmer bzw. nach Abzug der zulässigen Abschreibungen und Kreditzinsen beim Kreditnehmer verbleibt.

(4) Als Leasingmonatsraten wurden in Fall VI (Mietdauer 5 Jahre, vgl. Abb.26) 2,27 % des Anschaffungswertes und in Fall III (Mietdauer 4 Jahre, vgl. Abb. 25) 2,64 % des Anschaffungswertes angenommen. In beiden Fällen sind mit der ersten Monatsrate zusätzlich 10 % des Anschaffungswertes zu entrichten.

(5) Als weitere Finanzierungsalternativen wurden untersucht:
   — Investitionsfinanzierung durch Bankkredit, wobei die Rückzahlung der Abschreibung entspricht (Fall II);
   — Investitionsfinanzierung durch Bankkredit, wobei Rückzahlung größer als Abschreibung (Fall I);
   — Finanzierung durch Eigenkapital (Fall IV);
   — Finanzierung durch Eigenkapital und Fremdkapital im Verhältnis 1:1 (Fall V).

(6) Die Kreditzinsen belaufen sich auf 7,5 % netto vom jeweils ausstehenden Kreditbetrag.

---

[1] vgl. dazu: **Floitgraf, F.,** Leasing von industriellen Anlagen als Finanzierungsproblem, in: Finanzierungshandbuch, Hrsg. H. Janberg, 2. Aufl., Wiesbaden 1970, S. 509 ff.

Jahr	(I) Bankkredit (Rückzahlung > Abschreibung) Abgezinster Reinertrag		(II) Bankkredit (Rückzahlung = Abschreibung) Abgezinster Reinertrag		(III) Leasingvertrag (4 Jahre) Abgezinster Reinertrag		(IV) Eigenkapital Abgezinster Reinertrag		(V) Eigenkapital + Fremdkapital (Verh. 1:1) Abgezinster Reinertrag	
	jährlich	kumulativ	jährlich	kumulativ	jährlich	kumulativ	jährlich	kumulativ	jährlich	kumulativ
1	–	–	8 795	8 795	3 252	3 252	+ 29 906	– 70 094	+ 5 715	– 44 285
2	–	–	8 529	17 324	6 510	9 762	+ 27 188	– 42 906	+ 5 862	– 38 423
3	–	–	8 238	25 562	5 918	15 680	+ 24 717	– 18 189	+ 24 717	– 13 706
4	16 779	16 779	7 930	33 492	5 380	21 060	+ 22 470	+ 4 281	+ 22 470	+ 8 764
5	20 428	37 207	7 609	41 101	12 644	33 704	+ 20 428	+ 24 709	+ 20 428	+ 29 192
6	12 163	49 370	12 136	53 237	11 495	45 199	+ 12 134	+ 36 843	+ 12 136	+ 41 328
7	11 033	60 403	11 033	64 270	10 450	55 649	+ 11 031	+ 47 874	+ 11 033	+ 52 361
8	10 030	70 433	10 030	74 300	9 500	65 149	+ 10 029	+ 57 903	+ 10 030	+ 62 391
9	9 118	79 551	9 118	83 418	8 636	73 785	+ 9 116	+ 67 019	+ 9 118	+ 71 509
10	8 289	87 840	8 289	91 707	7 851	81 636	+ 8 288	+ 75 307	+ 8 289	+ 79 798

INVESTITIONSFINANZIERUNG DURCH

Abb. 25: Vergleich Leasing mit alternativen Finanzierungsarten[1]

1 vgl. dazu: **Floigraf, F.,** Leasing von industriellen Anlagen als Finanzierungsproblem, a.a.O., S. 517 ff.

(7) Der Kredit ist im Fall II in 5 gleichmäßigen Raten jeweils am Jahresende rückzahlbar. In Fall I wird der gesamte Reinertrag zur Rückzahlung verwandt.

(8) Ist die zurückgezahlte Summe höher als die Abschreibung, so wird die Differenz aus dem versteuerten Gewinn entrichtet.

(9) Der verbleibende Gewinnrest wird als Reinertrag bezeichnet, der dem Saldo der kassenmäßigen Entwicklung entspricht.

(10) Um die unterschiedlichen Reinerträge der einzelnen Jahre vergleichen zu können, sind sie auf den Zeitpunkt zu Beginn der Investition abgezinst.

(11) Der Abzinsungsfaktor beträgt 10 %.

FLOITGRAF hat nun für jede Finanzierungsmöglichkeit getrennt den abgezinsten Reinertrag ermittelt. Zur Vereinfachung wurden in den Abbildungen 25 und 26 die Ergebnisse zusammengefaßt; in Abbildung 27 erfolgt zur abschließenden Beurteilung ein graphischer Vergleich des Investitionsertrags bei verschiedenen Abzinsungsfaktoren.

Jahr	Zusätzlicher Ertrag	Miete	Steuerpflichtiger Gewinn	Steuern	Reinertrag	Abgezinster Reinertrag	
						jährlich	kumulativ
1	50 000	37 240	12 760	7 273	5 487	4 988	4 988
2	50 000	27 240	22 760	12 973	9 787	8 088	13 076
3	50 000	27 240	22 760	12 973	9 787	7 353	20 429
4	50 000	27 240	22 760	12 973	9 787	6 685	27 114
5	50 000	27 240	22 760	12 973	9 787	6 077	33 191
6	50 000	2 270	47 730	27 206	20 524	11 585	44 776
7	50 000	2 270	47 730	27 206	20 524	10 532	55 308
8	50 000	2 270	47 730	27 206	20 524	9 575	64 883
9	50 000	2 270	47 730	27 206	20 524	8 704	73 587
10	50 000	2 270	47 730	27 206	20 524	7 913	81 500

Abb. 26: Investitionsfinanzierung durch Leasingvertrag (5 Jahre) — Fall VI

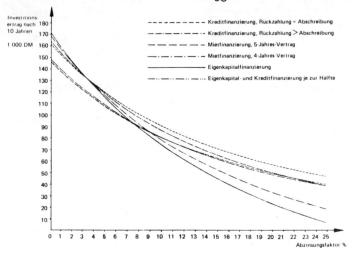

Abb. 27: Investitionsertrag bei verschiedenen Abzinsungsfaktoren

Der Kostenvergleich nach FLOITGRAF macht evident, daß kostenwirtschaftliche Überlegungen allein für die Entscheidung Leasing oder Kauf nicht ausreichend sind. Hingegen wird die Entscheidungsfindung durch eine Reihe zusätzlicher Faktoren beeinflußt. Nach einer vom DIVO-Institut 1973 durchgeführten Umfrage gaben Leasingnehmer als Motivationsgründe für die Wahl des Leasing der Bedeutung nach an:[1]

—	Erhaltung des Eigenkreditspielraumes	55 %
—	Liquiditätsvorsorge	51 %
—	Potentielles Erreichen von Rationalisierungs- erfolgen	40 %
—	Eliminierung des Überalterungsrisikos	38 %
—	flexiblere Investitionspolitik	34 %
—	schnellere Anpassung an sich verändernde Markt- verhältnisse	30 %

Leasing bedeutet bei Engpässen im Kapitalbudget zusätzliches Beschaffungspotential bzw. belastet die Kapitalsubstanz am geringsten. Gerade in Zeiten der Rezession sind Unternehmer häufig gezwungen, von ihrer Kapitalsubstanz zu leben und durch die Entscheidung zugunsten des Leasing kann sich die Unternehmung die Möglichkeit offen halten, auf günstigere Entwicklung durch eine volle Ausnützung des nicht in Anspruch genommenen Kreditspielraums zu reagieren.

Abschließend sei darauf hingewiesen, daß selbstverständlich die Entscheidungsalternative Leasing durch das Kostennutzenverhältnis limitiert wird: Der Ertrag aus dem Leasingobjekt muß die hierfür aufgewendeten Kosten abdecken.

---

[1] vgl. dazu: **Kirst, J.,** Kostensparen durch Leasing -- ein Vergleich, in: Deutsche Handwerkerzeitung (DHZ) vom 8.8.1975, S. 14

Kontrollfragen zu Abschnitt 4

1 Welche Formen des Leasing kennen Sie und grenzen Sie diese von der Miete des BGB ab?

2 Ist das Revolving Leasing eine Unterform des Financial Leasing?

3 Erläutern Sie die steuerliche Behandlung des Leasing!

4 Welche Bilanzierungsvorschriften gelten nach Handels- und Steuerrecht für Leasingverträge?

5 Welche Gemeinsamkeiten bestehen zwischen dem Leasing und dem Teilzahlungskredit?

6 Worin unterscheidet sich Leasing von der langfristigen Fremdfinanzierung?

7 Wie beurteilen Sie das Leasing?

8 Definieren Sie den Begriff des Investitionsrisikos!

9 Unter welchen Umständen ist allgemein die Form der Leasingfinanzierung der Fremdkapitalaufnahme vorzuziehen?

10 Erklären Sie, weshalb der Zinskostenvergleich zwischen Leasing und Kauf schwierig ist!

5. BEURTEILUNGSKRITERIEN DER FINANZWIRT-SCHAFTLICHEN SITUATION EINER UNTERNEHMUNG

5.1 DIE PARAMETER DES FINANZIERUNGSENT-SCHEIDUNGSPROZESSES

Die Summe der **Finanzierungsentscheidungsprozesse** ist auf die Erreichung einer **Zielvorgabe** gerichtet unter strenger Beachtung einer **Nebenbedingung**. Die **Nebenbedingung** ist dann erfüllt, wenn die Auszahlungen zu jedem Zeitpunkt durch Einzahlungen und Kassenbestände gedeckt sind, also die **Liquidität** gesichert ist. Die **Zielvorgabe** wird in der Regel darin bestehen, die Zahlungsströme nach bestimmten Regeln und Optimumtheoremen in optimale Bahnen zu lenken, d.h. es ist die finanzielle Situation der Unternehmung zu analysieren, zu prognostizieren und den entsprechenden Optimumvorstellungen durch bewußte **Steuerung der Zahlungsströme** näherzubringen.

5.1.1 Die Nebenbedingung des Finanzierungsentscheidungsprozesses

Ausdrucksformen des **Wirtschaftlichkeitsprinzips** als **Oberziel** sind die **Unterziele** des **Produktivitätsstrebens**, das **Streben nach Kostenwirtschaftlichkeit** und nach **Sicherheit** durch Sicherung des **Unternehmungspotentials** und der **Liquidität**.

Diese zweite Ausprägung des Sicherheitsstrebens — die **Sicherung der Liquidität** oder das Streben nach **Aufrechterhaltung des finanziellen Gleichgewichts** — ist als strenge Nebenbedingung des Finanzplanungs- und Finanzierungsentscheidungsprozesses zu betrachten.

Eine Betriebswirtschaft befindet sich im **finanziellen Gleichgewicht**, wenn sie zu jedem Zeitpunkt den fälligen Zahlungsverpflichtungen nachkommen kann.

Der **Liquiditätsbegriff** selbst ist äußerst vielseitig. So wird von einer absoluten, echten, künstlichen, relativen, dynamischen, statischen, nominellen, graduellen, potentiellen, dispositiven, konstitutiven, strukturellen, direkten, (usw.), Liquidität gesprochen. Es sollen hier nicht alle Versionen des Liquiditätsbegriffs abgeklärt werden.

Ganz allgemein bezeichnet man Liquidität als **Geldnähe** mit **dreidimensionalem Inhalt:**

Die Liquidität umfaßt die

— **Zahlungsbereitschaft**
— **Liquidierbarkeit** und
— **Liquiditätsreserven.**

Unter **Zahlungsbereitschaft** einer Unternehmung (**dispositiver Liquidität**) versteht man die **Verfügungsmacht** über Geld oder geldlich realisierbare Sachgüter zur termingerechten Erfüllung aller Zahlungsverpflichtungen. Gleichzeitig bedeutet Liquidität aber auch die Eigenschaft von Teilen des Betriebsvermögens, sich rasch in flüssige Mittel, d.h. in Zahlungsmittel umwandeln zu lassen. Diese Fähigkeit wird auch als **Liquidisierbarkeit** bezeichnet. Schließlich beinhaltet Liquidität auch das Vorhandensein von **Liquiditätsreserven.**

Die Liquidität ist somit kein **Zeitraumproblem**, sondern ein **Zeitpunktproblem**, d.h. die Liquidität muß an jedem Tag gesichert werden.

Da Liquidität **niemals** ein Oberziel sein kann, sondern immer strenge Nebenbedingung eines beliebigen Oberzieles, ist es auch nicht sinnvoll, Liquidität zu maximieren; aufgrund dieser Beschränkung kann die Liquidität vier **Zustandsformen** annehmen:

- **Illiquidität**
- **Unterliquidität**
- **Überliquidität** und
- **optimale Liquidität**

Illiquidität bezeichnet den Zustand, in dem die flüssigen Mittel eines Unternehmens nicht ausreichen, um die kurzfristigen Zahlungsverpflichtungen zu erfüllen. Illiquidität hat **Zahlungsunfähigkeit** zur Folge, wenn es nicht gelingt, langfristig Kapital freizusetzen.

Unter **Unterliquidität** ist zum einen der Umstand zu verstehen, daß eine Unternehmung am Betrachtungstage ihre Ausgaben nicht vollständig, sondern nur teilweise leisten kann (in diesem Fall kann von Illiquidität gesprochen werden) oder aber, daß in der Zukunft eine Illiquidität droht, wenn keine Maßnahmen ergriffen werden.

Auch beim Begriff der **Überliquidität** liegt eine **doppelextensionale** Auslegung zugrunde. Im ersten Fall geht man davon aus, daß Liquidität lediglich Deckung der Zahlungsverpflichtungen verlangt und eine überschüssige Zahlungskraft keine effektive Erhöhung der Liquidität mit sich bringt (Überliquidität). Es ist also nur danach zu fragen, ob die Zahlungsverpflichtungen gedeckt sind und nicht, mit welchem Überschuß. Überliquidität an sich hat keinen finanzwirtschaftlichen Einfluß, unter erfolgswirtschaftlichen Aspekten ist sie jedoch nachteilig zu betrachten, da sie die Rentabilität durch Zinskosten bzw. Zinsertragsverlust belasten.

In der zweiten Auslegung von Überliquidität, der der Vorzug zu geben ist, werden die **Liquiditätsreserven** miteinbezogen. Diese Reserven dienen dazu, einen etwaigen Eventualbedarf an liquiden Mitteln abzudecken, der aufgrund der **Unsicherheitserwartungen** auftreten kann. Überliquidität bezeichnet dann den Überschuß an Zahlungskraft, der über die Deckung der Zahlungsverpflichtungen einschließlich einer Sicherheitsreserve hinausgeht.

Als **optimale Liquidität** kann der Punkt im Koordinatensystem aus erfolgswirtschaftlichen Zielen und finanzwirtschaftlichen Zielen betrachtet werden, in dem sich beide Funktionen schneiden.

5.1.1.1 Ermittlung der Liquidität

Die Liquidität einer Unternehmung wird rechnerisch entweder **statisch** oder **dynamisch** ermittelt. **Mit** der **dynamischen Liquiditätsbeurteilung** befaßten sich im Zuge der Finanzplanung die **Kapitalbedarfsrechnungen** des **Finanzplans** und des **Kapitalbindungsplans.** Bei der statischen Beurteilung wird (neben dem täglichen Finanzstatus) häufig auch die Bilanz einer Unternehmung als Liquiditätsbeurteilungsinstrument herangezogen in Form der Extrahierung von **Liquiditätskennzahlen in graduellen** Abstufungen. In der Praxis ist eine Dreiteilung verbreitet:

Liquidität 1. Grades:
(liquid ratio oder Barkapital)

$$\frac{\text{Zahlungsmittelbestand (Kasse + Bankguthaben)}}{\text{kurzfristige Verbindlichkeiten}}$$

Liquidität 2. Grades:
(current ratio oder
Liquidität auf kurze
Sicht)

$$\frac{\text{Zahlungsmittelbestand + kurzfristige Forderungen}}{\text{kurzfristige Verbindlichkeiten}}$$

Liquidität 3. Grades:
(Liquidität auf längere
Sicht)

$$\frac{\text{gesamtes Umlaufvermögen}}{\text{kurzfristige Verbindlichkeiten}}$$

Die **Kurzfristigkeit** wird dabei differenziert betrachtet. Bei der Liquidität 1. Grades wird von Laufzeiten bis zu 3 Monaten (WITTE) bzw. 6 Monaten (HAHN) ausgegangen, während man bei den anderen Liquiditätsgraden einen Zeitraum bis zu 2 Jahren als kurzfristig anerkennt.

Gelegentlich findet sich als Liquiditätskennzahl noch der Begriff des **working capital.** Bei dieser Form geht man nicht von einem Quotienten aus, sondern zieht die Differenz zwischen Teilen des Umlaufvermögens (**current assets**) und der kurzfristigen Verbindlichkeiten (**current liabilities**) als Kriterium heran. Die positive Differenz bestimmt den zur Disposition verfügbaren Überschuß.

Der Liquiditätsgrad an sich sagt nichts über die Erfüllung der Liquiditätsbedingungen aus. Als Bedingung der Liquiditätssicherung wurde formuliert, daß die **Quotienten** aller Liquiditätsgrade ≥ 1 sein müssen bzw. die Differenzen ≥ 0.

Zur Ermittlung der Liquidität am Stichtag oder in naher Zukunft sind die Liquiditätskennzahlen **ungeeignet** und auch **überflüssig.** Überflüssig deshalb, weil mit der dynamischen Liquiditätsbeurteilung ein präziseres Instrument zur Verfügung steht (einschließlich des Finanzstatus). Zur Beurteilung der finanziellen Zukunft des Unternehmens sind die Liquiditätskennzahlen deshalb nahezu ungeeignet:

(a) Die aus der Bilanz als Stichtagsrechnung entnommenen Zahlen sind bei der Fertigstellung der Bilanz bereits überholt und **veraltet**.

(b) Die Daten der Bilanz sind **unvollständig**. Zukünftig geplante und unsichere Einnahmen und Ausgaben werden nur unzureichend erfaßt, und **stille Reserven** können nicht erfaßt werden.

(c) Es **mangelt an** einer **zeitlich präzisen Einordnungsmöglichkeit** der Bilanzposten hinsichtlich ihrer Fälligkeitstermine.

Die **Bedeutung** dieser Liquiditätskennzahlen liegt — unbeschadet der evidenten Nachteile — darin, daß sie für den Außenstehenden oft als einziger Maßstab einer Beurteilung der Liquiditätssituation zur Verfügung stehen. Insbesondere bei der **Kreditvergabe** und der Kapitalgesellschaftsbeteiligung werden diese Kennzahlen in der Praxis herangezogen.

5.1.1.2 Liquiditätsbeurteilung mit Hilfe des cash flow

Als alternative Möglichkeit der externen Liquiditätsbeurteilung steht dem Betrachter die **cash-flow-Analyse** aus der Bilanz zur Verfügung, die auch als **Maßstab der Innenfinanzierung** und der **dynamischen Finanzplanung** Anwendung findet. Der cash flow ist definiert als der sich aus der positiven Differenz aus Aufwandsausgaben und Ertragseinnahmen ergebende Umsatzüberschuß, der in der Bewegungsbilanz der Summe aus Abschreibungen, Gewinnen und Zuführungen zu den Rücklagen und Rückstellungen entspricht. Üblicherweise wird bei der Ermittlung des cash flow nachstehendes Schema benutzt:

> Bilanzgewinn oder -verlust
> + Zuführungen zu offenen Rücklagen
> - Entnahmen aus Rücklagen
> ± Veränderung des Gewinnvortrags
> + Abschreibungen
> - Zuschreibungen
> ± Veränderung der Sonderposten mit Rücklageanteil
> ± Veränderung der langfristigen Rückstellungen
> - aperiodische Erträge
> + aperiodische Aufwendungen
> _____
> = cash flow

Die Aussagen des cash flow bewegen sich in zwei Richtungen. Zum einen dient er als **Kennziffer der Ertragskraft** einer Unternehmung, zum anderen kann er als **Instrument der Liquiditätsprognose** aufgefaßt werden. Einmal stellt der cash flow das Volumen der erfolgten Innenfinanzierung während einer Periode dar, d.h. wie die erwirtschafteten Mittel zu Gewinnausschüttungen, Investitionen und Schuldenrückzahlungen zur Verfügung stehen. Außerdem wird durch eine Berichtigung des Gewinns die effektive Ertragskraft der Unternehmung deutlich:

Cash flow der Hoesch AG im Geschäftsjahr 1970/71 in Mio. DM

1. Bilanzgewinn	+ 33,7	
a) – Gewinnvortrag	- 0,0	+ 33,7
2. Rücklagenveränderung		
a) + Zuweisung	+ 22,4	
b) – Auflösung	- 21,8	+ 0,6
3. Rückstellungsveränderungen (netto)		+ 80,5
4. Abschreibungen auf Sachanlagen		+ 225,2
Cash flow		340,0

Abb. 28: Vergleich zwischen Bilanzgewinn und cash flow[1]

Als Unternehmungsbewertungsziffer dient die **cash-flow-Ziffer**. Sie meint das Verhältnis zwischen Verbindlichkeiten und cash flow. Ihr Wert gibt an, wieviele Jahresüberschüsse zur Schuldentilgung erforderlich sind.

Im Rahmen der Liquiditätsplanung dient die cash-flow-Analyse als Prognoseinstrument. Die sich ergebende Differenz zwischen zukünftigem Kapitalbedarf und dem geplanten cash flow weist den Betrag aus, der entweder durch Außenfinanzierung oder Kapitalfreisetzung beschafft werden muß.

Die **Kritik** des cash flow bezieht sich auf die Schwierigkeit der Datenermittlung, die Unvollständigkeit der Elemente und auf die mangelnde Aussagefähigkeit über die Liquiditätswirksamkeit, über den Niederschlag der Überschüsse in Vermögensform oder über den zeitlichen Verlauf dieser Bewegungen.

Im Zusammenhang mit der externen Liquiditäts- und Ertragskraftbeurteilung der Unternehmung wird auch eine erweiterte Bewegungsbilanz, die **Kapitalflußrechnung** angeführt. Diese Rechnung zeigt in Staffelform (neuerdings auch in Matrixform) die Ursachen der betriebswirtschaftlichen Zahlungsströme und die Wege dieser Zahlungsströme auf. Im Rahmen der Finanzierung kommt diesem Instrument jedoch untergeordnete Bedeutung zu und es wird somit nicht weiter auf sie eingegangen.

[1] vgl. dazu: **Hahn, O.**, Finanzwirtschaft, a.a.O., S. 57

5.1.2 Die Problematik der Finanzierungsregeln

Neben dem Postulat der Liquiditätssicherung werden zur Beurteilung der ordnungsgemäßen Finanzpolitik eine Reihe von **Finanzierungsgrundsätzen** herangezogen, die sich in Finanzierungsregeln niederschlagen. Generell ist dabei zu unterscheiden zwischen den **horizontalen Finanzierungsregeln**, die sich an der Kapitalbindungsdauer ausrichten gemäß dem Prinzip der **Fristenkongruenz**, und den **vertikalen Finanzierungsregeln**, die sich auf das Verhältnis zwischen den einzelnen Kapitalarten im Hinblick auf die **Gesamtkapitalstruktur** beziehen.

Das Prinzip der Fristenkongruenz zwischen Kapitalbindung und Finanzierung läßt sich auf die sogenannte „Goldene Bankregel" bzw. „Goldene Bilanzregel" zurückführen, die besagt, daß kurzfristig zur Verfügung gestellte Gelder generell nur für kurzfristige Ausleihungen verwendet und investiert werden dürfen, während für langfristig ausgeliehene Gelder langfristige Mittel zur Verfügung stehen müssen. Die goldene Bankregel und ihre Derivate setzen also einzelne Aktivposten (Investitionen) in der Bilanz mit einzelnen Passivposten (Finanzierungsquellen) zueinander unter Zeitaspekten in Beziehung. Diese horizontalen Regeln, auch **Bindungsregeln** genannt, zielen somit auf ein zeitbezogenes Verhältnis zwischen Vermögen und Kapital ab.

Im Gegensatz hierzu haben die **vertikalen Finanzierungsregeln** die Untersuchung des Verhältnisses der einzelnen Kapitalarten zum Gegenstand. Es interessiert also nicht das Verhältnis des Vermögens zum Kapital, sondern allein die **Zusammensetzung des Kapitals**, hauptsächlich das Verhältnis des Eigenkapitals zum Fremdkapital. So wird beispielsweise ein Verhältnis von 1 : 1 bzw. 2 : 1 bei Unternehmungen und von 1:20 bei Banken für die Eigen-/Fremdkapitalrelation gefordert. Diese vertikalen Finanzierungsregeln bezeichnet man auch als **Kapitalstrukturregeln**.

Sind die Finanzierungsregeln hinsichtlich ihrer Aussagefähigkeit und ihres Verallgemeinerungspotentials zu beurteilen, so muß der Schluß gezogen werden, daß der wissenschaftliche Wert dieser Finanzierungsregeln sehr zweifelhaft ist, allenfalls lassen sich psychologische Elemente und Grobaussagen anführen. So zieht auch D. SCHNEIDER nach exemplarischer Betrachtung ein kritisches Resümee:

„Da Änderungen in den Investitionsvorhaben, in den Finanzierungsmöglichkeiten, den Steuer- und Zinssätzen jeweils andere optimale Finanzpläne erzeugen, lassen sich keine allgemein gültigen Finanzierungsregeln aufstellen. Als Entscheidungshilfen für den planenden Unternehmer sind weder Bindungs- noch Kapitalstrukturregeln theoretisch zu rechtfertigen: Es ist weder sinnvoll, einzelne Investitionen einzelnen Kreditarten zuzuordnen, noch feste Beziehungen zwischen eigenen und fremden Mitteln zu verlangen. Entscheidend ist allein, daß der mehrjährige Finanzplan so aufgebaut ist, daß zu keinem Zeitpunkt die Zahlungsfähigkeit verletzt wird."[1]

---

[1] vgl. dazu: **Schneider, D.**, Investition und Finanzierung, a.a.O., S. 399

Die vorhandenen Mängel der Finanzierungsregeln resultieren nicht zuletzt aus der Ableitung von bilanziellen Größen (Unvollständigkeit, Überalterung, Stichtagswerte, Statik).

5.2 DIE ZIELVORGABE DES FINANZPLANUNGS-PROZESSES

Die auf theoretischen Überlegungen basierenden Finanzierungsnormen und Finanzierungsregeln stellen den Versuch dar, ausgehend von einem konkreten Oberziel in Form einer Zielfunktion — unter Berücksichtigung unternehmensindividueller Gegebenheiten — eine **Optimierung** der Kapitalrelationen anzustreben.

Im Anschluß sollen einige Modelle zur Bestimmung eines **finanzwirtschaftlichen Optimums** in Form des optimalen Verschuldungsgrades dargestellt werden, wobei davon auszugehen ist, daß die alternativen Ansätze auf den widersprüchlichsten Prämissen und Zielfunktionen aufgebaut sind. Als wichtigste **Zielfunktionen** allgemeiner Natur sind zu nennen die Zielkriterien der

— **Sicherheit im Sinne der Gewährleistung der Zahlungsfähigkeit**
— **Wirtschaftlichkeit**
— **Unabhängigkeit**
— (Eigenkapitalrentabilität)

Steht das Ziel der Eigenkapitalrentabilität an dominanter Stelle, so wird die Aufnahme zusätzlichen Fremdkapitals ausschließlich von den Kosten des Fremdkapitals abhängen. Solange der Fremdkapitalzinssatz unter der Gesamtkapitalrentabilität liegt, bewirkt eine Steigerung der Fremdkapitalaufnahme eine Steigerung der Eigenkapitalrentabilität **(Leverage-Effekt).**

Ganz allgemein bestimmt sich der **optimale Verschuldungsgrad** aus der Relation zwischen optimaler Fremdkapitalmenge und optimaler Eigenkapitalmenge.

Zur Bestimmung des optimalen Verschuldungsgrades stehen eine Reihe von Ansätzen zur Verfügung, von denen die drei meistdiskutierten erörtert werden sollen:

— die **modellanalytische Betrachtungsweise** (SOLOMON[1], GUTENBERG[2])
— die **Modigliani-Miller-These**[3] und
— die **marginalanalytische Betrachtungsweise** (LIPFERT[4])

---

[1] vgl. dazu: **Solomon, E.,** Verschuldungsgrad und Kapitalkosten, in: Die Finanzierung der Unternehmung, Hrsg. H. Hax/H. Laux, Köln 1975, S. 160 ff.

[2] vgl. dazu: **Gutenberg, E.,** Grundlagen der Betriebswirtschaftslehre, Band III, Die Finanzen, a.a.O., S. 193 ff.

[3] vgl. dazu: **Moxter, A.,** Optimaler Verschuldungsumfang und Modigliani-Miller-Theorem, in : Die Finanzierung der Unternehmung, Hrsg. H. Hax/H. Laux, Köln 1975, S. 133 ff.

[4] vgl. dazu: **Lipfert, H.,** Optimale Unternehmensfinanzierung, 3. Aufl., Frankfurt 1969

5.2.1 Die modellanalytische Bestimmung der optimalen Kapitalstruktur nach der konventionellen These

Die **konventielle These** leitet den optimalen Verschuldungsgrad aus **Kapitalko-stenfunktionen** ab. Um die Zusammenhänge verdeutlichen zu können, ist es daher unabdingbar, den Begriff der **Kapitalkosten** zu klären. Es ist darauf zu achten, daß der hier verwendete Kapitalkostenbegriff nicht dem wertmäßigen Kostenbegriff entspricht, vielmehr ist darunter die von den Eigenkapital- und Fremdkapitalgebern geforderte **Effektivrendite** zu verstehen.

Der **durchschnittliche Kapitalkostensatz** k_{ϕ} ist definiert als der mit Kurswerten gewogene Durchschnitt der Kosten jeder Kapitalart; es gilt also:

$$k_{\phi} = \frac{k_i \cdot F_k + k_e \cdot E_k}{V} \qquad (1)$$

wobei

V	=	Marktwert des Gesamtkapitals
E_k	=	Kurswert des Eigenkapitals
F_k	=	Kurswert des Fremdkapitals
k_{ϕ}	=	durchschnittliche Kapitalkosten
k_i	=	effektive Rendite des Fremdkapitalgebers
k_e	=	effektive Rendite des Eigenkapitalgebers

Der effektive **Zinssatz des Fremdkapitals** ist definiert als der Quotient aus Nominalzins und Kurs der Fremdkapitalanteile. Die **Eigenkapitalkosten** wurden durch das Verhältnis erwarteter Gewinn im Jahr pro Aktie (**Gewinnthese**) oder erwartete Dividende zum Kurswert der Aktie (**Dividendenthese**) berechnet.

Die Relation zwischen Marktwert des Gesamtkapitals (V), langfristig erwartetem jährlichem Kapitalgewinn (O) und durchschnittlichem Kapitalkostensatz (k_{ϕ}) wird dergestalt beschrieben, daß der Unternehmenswert (V) über die Kapitali-sierung des Kapitalgewinns ermittelt wird, wobei der durchschnittliche Kapital-kostensatz k_{ϕ} als **Kapitalisierungszinsfuß** dient; es folgt:

$$V = \frac{O}{k_{\phi}} \quad \text{bzw.} \ k_{\phi} = \frac{O}{V} \qquad (2)$$

$$0 = k_i \, F_k + k_e \, E_k \qquad (3)$$

Es kann also geschlossen werden, daß der Unternehmenswert bei gleichbleibender Gewinnsituation nur über eine **Senkung der Kapitalkosten** gesteigert werden kann, bzw. daß bei **Konstanz** der langfristigen Gewinnerwartung die durchschnittlichen Kapitalkosten nur über eine Steigerung des Marktwertes gesenkt werden können.

Die dritte Annahme beruht auf der Überlegung, daß sich der Kurswert bzw. die Rendite des Eigen- und Fremdkapitals in einem funktionalen Zusammenhang mit einem branchenüblichen **Risikofaktor** R_e und dem **Verschuldungsgrad** als angenommenen Indikator des finanzwirtschaftlichen Risikos befindet.

$$k_e = f(R_e, \frac{FK}{EK})$$

$$k_i = g(R_e, \frac{FK}{EK})$$

Auf der Grundlage dieser drei Annahmen kann dann ein kostenoptimaler Verschuldungsgrad bestimmt werden, an dem die Kapitalkosten ein **Minimum** bzw. der Marktwert des Gesamtkapitals ein Maximum erreicht. In graphischer Form ergeben sich somit folgende Kapitalkostenverläufe:

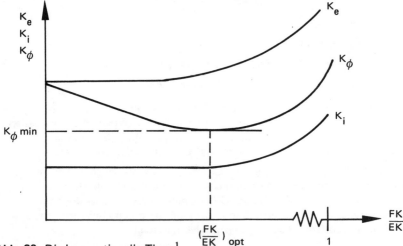

Abb. 29: Die konventionelle These[1]

Ausgehend von einer Fremd-/Eigenkapitalrelation $\frac{FK}{EK} = 0$, also völliger Eigenkapitalfinanzierung, werden für alternative Verschuldungsgrade die effektive Fremdkapitalrendite k_i, die effektive Eigenkapitalrendite k_e und der daraus

---

[1] vgl. dazu: **Kappler, E./Rehkugler, H.,** Kapitalwirtschaft, a.a.O., S. 651 f.

resultierende durchschnittliche Kapitalkostensatz $k_\emptyset$ ermittelt. Wenn z als Zinssatz für risikolose Anlagen angenommen wird, so wird k_e größer als z sein und k_i in der Nähe von z liegen. Begründet wird diese Diskrepanz zwischen Eigenkapitalrendite und Fremdkapitalrendite durch die Übernahme des **Investitionsrisikos** (Verlustentstehungs- und Verlustausgleichsrisiko) durch die Anteilseigner. Werden nun eigene Mittel teilweise durch Fremdkapital substituiert, werden sich zunächst die effektiven Eigenkapitalrenditen und Fremdkapitalzinssätze nicht verändern, da die Kreditgeber bei niedriger Verschuldung kaum Risiko tragen und auch die Anteilseigner bei geringer Verschuldung das Kapitalstrukturrisiko als gering veranschlagen. Konsequenterweise sinkt daher in dieser Phase der durchschnittliche Kapitalkostensatz $k_\emptyset$ aufgrund des zusätzlichen Einsatzes von kostengünstigerem Fremdkapital.

Wegen der Übernahme des Investitionsrisikos dürften die Eigenkapitalkosten k_e früher steigen als die Fremdkapitalkosten k_i. Die Anteilseigner sehen in der Steigerung der Eigenkapitalrentabilität ein Äquivalent für die Steigerung des Investitionsrisikos, während die Fremdkapitalgeber ihre Rendite noch nicht in Gefahr sehen; das Absinken der durchschnittlichen Kapitalkosten verlangsamt sich. Ab einem bestimmten Verschuldungsgrad wird aber auch für den Fremdkapitalgeber das Risiko nur durch eine Steigerung der Fremdkapitalkosten aufzufangen sein; dies hat ein Ansteigen der durchschnittlichen Kapitalkosten zur Folge. **Somit ist der optimale Verschuldungsgrad durch das Minimum der durchschnittlichen Kapitalkosten definiert.**

Hierzu ein **Beispiel:**

Es soll für eine Unternehmung untersucht werden, bei welchem der drei Verschuldungsgrade a_1, a_2, a_3 ($a = \frac{EK}{EK}$) ein optimaler Verschuldungsgrad vorliegt.

Es gilt:

$a_1 = 0{,}20$	$a_2 = 0{,}40$	$a_3 = 0{,}60$
$k_{e1} = 0{,}11$	$k_{e2} = 0{,}115$	$k_{e3} = 0{,}60$
$0 = 609$	$k_{i1,2} = 0{,}04$	$k_{i3} = 0{,}55$

$FK + EK = 5\ 000$ (Bedarf)

Es kann nun angenommen werden, daß k_e und k_i als Funktionen von F_k/E_k dargestellt werden können (das Risikoelement wurde in die Kapitalkosten bereits eingerechnet), so läßt sich i nach F_k/E_k differenzieren und durch Nullsetzung der ersten Ableitung finden. Hier soll aber ein einfacherer Ansatz mitteils Vergleich gewählt werden.

$$k_\emptyset = \frac{k_e \, E_k + k_i \, F_k}{V}$$

Fall 1: $(a_1 = 0{,}20)$

$$E_k = \frac{0 \, (\text{Gewinn}) - k_i \, F_k}{k_e} \qquad (\text{vgl. (3)})$$

$$EK + FK \neq E_k + F_k$$

$$F_k = \frac{\{0 - [k_e \cdot \frac{(0 - k_i \, F_k)}{k_e}]}{k_i} \qquad \text{Kurswert Fremdkapital = Betrag des aufgenom-}$$

$$\text{menen } F_k$$

$$V = E_k + F_k \qquad (4)$$

somit $k_\emptyset$ (bei a_1) =

$$\frac{\frac{(609 - 40)}{0{,}11} \, (0{,}11) + \frac{[609 - (0{,}11) \, (\frac{609 - 40}{0{,}11})] \cdot 0{,}04}{0{,}04}}{V_1}$$

$$= \frac{569 + 40}{6172{,}7} \qquad V_1 = E_{k_1} + F_{k_1}$$

$$= \underline{\underline{0{,}099}}$$

Fall 2:

$$k_\emptyset \text{ (bei } a_2 = 0{,}40) = \frac{\frac{(609 - 80)}{0{,}115} \, (0{,}115) + 0{,}04 \cdot 2000}{V_2}$$

$$= \frac{609}{6600}$$

$$= \underline{\underline{0{,}092}}$$

Fall 3:

$$k_\emptyset \text{ (bei } a_3 = 0{,}60) = \frac{\frac{(609 - 150)}{0{,}14}(0{,}14) + 0{,}05 \cdot 3000}{V_3}$$

$$= \frac{609}{6278}$$

$$= \underline{\underline{0{,}097}}$$

Der optimale Verschuldungsgrad liegt somit bei Fall 2, da hier die durchschnitlichen Kapitalkosten minimiert sind.

Diese Betrachtung des optimalen Verschuldungsgrads geht davon aus, und zwar ausschließlich, daß die Fremd- und Eigenkapitalgeber die Anlage allein unter dem Gesichtspunkt des Risikos im Hinblick auf die Kapitalstruktur beurteilen. Realiter dürften jedoch vermögensstrukturelle Gesichtspunkte überwiegen. Auch andere Annahmen der konventionellen These (Gewinnerwartung, Kapitalkosten) sind nur unvollkommen begründet und entsprechen kaum der Realität.

5.2.2   Der optimale Verschuldungsgrad nach der Modigliani-Miller-These[1]

Mit der Frage des optimalen Verschuldungsgrades setzten sich auch MODIGLIANI und MILLER auseinander. Ihre Thesen wurden allerdings mehr durch ihre Schwächen als durch ihre Stärken bekannt.

MODIGLIANI/MILLER formulierten:

Der Marktwert jedes Unternehmens ist unabhängig von seiner Kapitalstruktur und kann bestimmt werden durch Kapitalisierung seines erwarteten Ertrages mit dem seiner Klasse entsprechenden Satz ρ_k, d.h. aber auch, daß die durchschnittlichen Kapitalkosten irgendeines Unternehmens von seiner Kapitalstruktur vollkommen unabhängig sind und mit der Kapitalisierungsrate eines reinen Eigenkapitalstromes der Risikoklasse des Unternehmens übereinstimmen.

Eine zweite These besagt, daß die erwartete Rendite einer Aktie mit dem entsprechenden Kapitalisierungssatz ρ_k für einen reinen Gewinnstrom in der Klasse übereinstimmt, zuzüglich einer Prämie für das finanzielle Risiko, die sich ergibt aus dem Quotienten aus Eigen- und Fremdkapital multipliziert mit der Differenz aus ρ_k und r (Rendite).

---

[1]   vgl. dazu: **Modigliani, F./Miller, M.H.**, Kapitalkosten, Finanzierung von Aktiengesellschaften und Investitionstheorie, in: Die Finanzierung der Unternehmung, Hrsg. H. Hax/ H. Laux, Köln 1975, S. 85 ff.

Der Tenor, der aus den Thesen abgelesen werden kann, geht dahin, daß behauptet wird, die durchschnittlichen Kapitalkosten für alle Unternehmen einer „Klasse" sind gleich hoch, unabhängig von ihrer Kapitalstruktur; implizit heißt das, daß es kein optimales Verhältnis von Eigenkapital zu Fremdkapital, **keinen optimalen Verschuldungsgrad gibt:** jeder Verschuldungsgrad ist gleich optimal. Diese Aussage manifestiert sich im graphischen Schaubild als horizontale Funktion der durchschnittlichen Kapitalkosten. Da auch ein vollkommener Kapitalmarkt angenommen wird mit konstanten Zinsforderungen der Kapitalgeber, bleibt auch die Eigenkapitalrendite unverändert. Als Kostenverläufe nach dem MODIGLIANI-MILLER-Theorem ergeben sich somit:

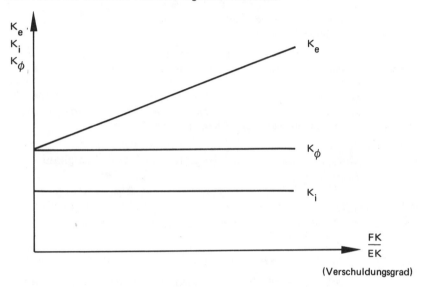

Abb. 30: Die Kostenverläufe nach MODIGLIANI/MILLER[1]

Die MODIGLIANI-MILLER-These beruht im wesentlichen auf der **Gewinnthese,** die besagt, daß Unternehmen mit gleichem erwartetem Gewinn und vergleichbarem Risiko den gleichen Renditeforderungen der Anleger unterliegen.

In einer kritischen Stellungnahme zur MODIGLIANI-MILLER-These lenkt MOXTER[2] die Kritik auf fünf Kernpunkte:

— MODIGLIANI/MILLER gehen von falschen Zielgrößen aus (die Zielgrößen werden an den Alternativen (Unternehmungswert oder Anteilswert) gemessen und nicht am Zielrealisierungsgrad);

[1] vgl. dazu: **Kappler, E./Rehkugler, H.,** Kapitalwirtschaft, a.a.O., S. 653

[2] vgl. dazu: **Moxter, A.,** Optimaler Verschuldungsumfang und Modigliani-Miller-Theorem, a.a.O., S. 149 ff.

– MODIGLIANI/MILLER arbeiten insbesondere hinsichtlich der Informationen des Anlegers mit einer unrealistischen Marktkonzeption;

– Die spezifischen Nachteile persönlicher und unbeschränkter Haftung werden übersehen;

– Es wird unterstellt, daß fremdkapitalrenditeäquivalente Anlagen einen gleichen Verschuldungsgrad haben müssen;

– Das Wagnis der Zahlungsunfähigkeit wird ausgeschaltet.

Kürzer faßt sich D. SCHNEIDER: „Die These von MODIGLIANI/MILLER ist für den vollkommenen Kapitalmarkt in einer Welt ohne Gewinnsteuern, Börsenspesen und Gläubigerrisiko unbestreitbar. Als Begründung für das wirkliche Geschehen ist sie nicht zu retten."[1]

5.2.3 Die marginalanalytische Betrachtungsweise des optimalen Verschuldungsgrades

Die bisher geschilderten Verfahren zur Bestimmung des optimalen Verschuldungsgrades waren dadurch gekennzeichnet, daß sie einen bestimmten Kapitalbedarf unterstellten und lediglich auf die optimale Zusammensetzung des Eigenkapitals zum Fremdkapital (Kapitalstruktur) eingingen, und nicht danach fragten, welches **Volumen** als das **optimale Kapitalvolumen** anzusehen sei. Die Marginalanalyse gibt die Prämisse des konstanten Kapitalbedarfs auf und determiniert den optimalen Verschuldungsgrad durch die Faktoren Kapitalstruktur und Volumen der einzelnen Kapitalarten und des Gesamtkapitals.

Ausgangspunkt der Marginalanalyse ist das Theorem, daß im Rahmen eines bestimmten Gesamtoptimums das individuelle Kapitalvolumen und die optimale Kapitalstruktur (= optimale Finanzierungsmittelausstattung) dann erreicht werden, wenn die **Grenzfinanzierungskosten** der **Grenzvermögenskraft** entsprechen.

Als **Vermögensertrag** soll die Differenz zwischen den grundsätzlich höheren Gesamterlösen und allen Kosten mit Ausnahme der Finanzierungskosten angenommen werden. Wird dieser absolute Betrag zum Kapitaleinsatz (Vermögensbindung) in Beziehung gesetzt, ergibt sich die **Vermögensertragskraft** der Unternehmung. Diese Vermögensertragskraft kann **proportional, unterproportional** und **degressiv** mit dem Investitions- oder Vermögensvolumen anwachsen.

Bei den **Finanzierungskosten,** die als Kosten der Beschaffung und Bereitstellung des im Unternehmen gebundenen Kapitals definiert sind, wird differenziert zwischen **quantitativen** und **qualitativen** Finanzierungskosten. Die **quantitativen** Kosten bezeichnen nach LIPFERT[2] das effektiv zu zahlende Entgelt für die vertraglich vereinbarte Übertragung der Verfügungsmacht von Kapital, während die

---

[1] vgl. dazu: **Schneider, D.,** Investition und Finanzierung, a.a.O., S. 462

[2] vgl. dazu: **Lipfert, H.,** Optimale Unternehmensfinanzierung, a.a.O., S. 41

qualitativen Kosten als Zusatzkosten aus der Kalkulation von Risiken entstehen, die, wenn sie schlagend werden, die Rentabilität und/oder Liquidität der Unternehmung tangieren. Als erster Schritt wird nun versucht, Funktionen der Kosten der einzelnen Kapitalarten aufzustellen, wobei Interdependenzen zwischen den einzelnen Kapitalarten zunächst unberücksichtigt bleiben. Als unabhängige Variable dient das Volumen der alternativen Kapitalarten, während die anfallenden Kosten die abhängige Variable bilden. Sowohl für die Eigenkapitalfinanzierungskurve wie auch für die Fremdfinanzierungskurve ist ein überproportional steigender Verlauf anzunehmen, der in der Ableitung zu einer vom Kapitalvolumen abhängigen steigenden Verlauf der Grenzfinanzierungskostenkurve führt.

Um die Gesamtgrenzfinanzierungskostenkurve zu erhalten (die ja zur simultanen Bestimmung des optimalen Kapitalvolumens und der optimalen Kapitalstruktur benötigt wird), sind die einzelnen Finanzierungsartenkostenkurven zueinander in Beziehung zu bringen. Bei Berücksichtigung der Prämisse, daß die einzelnen Kapitalfunktionen unabhängig voneinander sind, kann die Gesamtfunktion im Wege der Horizontaladdition der einzelnen Grenzfinanzierungskostenkurven ermittelt werden. Das Prinzip der Horizontaladdition besagt, daß die alternativen Kapitalarten nach der Höhe ihrer Grenzkosten geordnet werden und gleichzeitig oder nebeneinander solange aufgenommen werden, bis ihre Grenzfinanzierungskosten gleich der Grenzvermögensertragskraft sind.

Hierzu ein Beispiel:

Gegeben seien vier Kapitalarten (F_i, i = 1,2,3,4) mit den Grenzfinanzierungskosten $K_{if}(v)$ laut Funktion. Die Grenzvermögensertragskraft der Unternehmung ist als konstant anzusetzen. In den einzelnen Koordinatensystemen wurde auf den Abzissen das jeweilige Kapitalvolumen und auf den Ordinaten die Grenzfinanzierungskosten K' und die Grenzvermögensertragskraft E' abgetragen.

Die vier Funktionen sollen folgenden Verlauf nehmen:

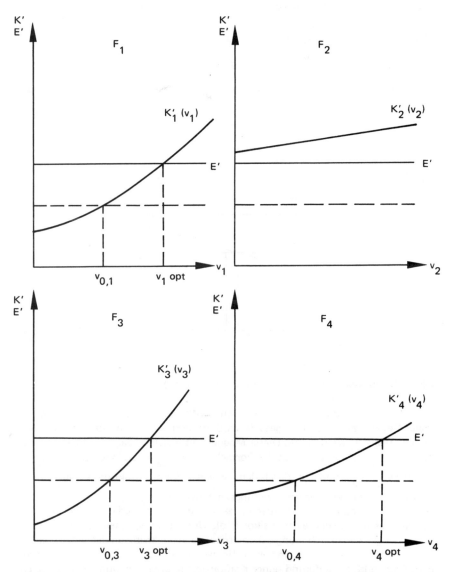

Abb. 31: Grenzfinanzierungskostenkurven bei verschiedenen Kapitalarten[1]

---

[1] vgl. dazu: **Lipfert, H.,** Optimale Unternehmensfinanzierung, a.a.O., S. 52

Der Verlauf der Grenzfinanzierungskostenkurve der Alternative F_2 bewegt sich ständig über der entsprechenden Grenzertragskurve; daher wird bei der Bestimmung des **optimalen Kapitalvolumens** (v_{opt}) diese Alternative unberücksichtigt bleiben. Das Optimum wird durch Kumulierung der Optima der drei anderen Alternativen (F_1, F_3, F_4) erreicht. Es ist also:

$$v_{opt} = v_{1opt} + v_{3opt} + v_{4opt}$$

Durch Horizontaladdition ergibt sich für v_{opt} folgender Gesamtfunktionsverlauf:

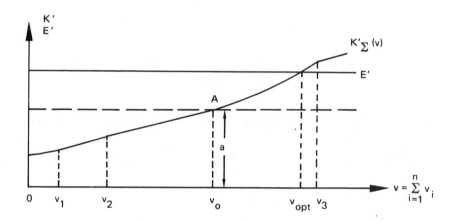

Abb. 32: Optimaler Verschuldungsgrad (vereinfacht)[1]

Es ist nun auch denkbar, daß — aus welchen Gründen auch immer — nicht ein optimales Gesamtkapitalvolumen gesucht wird, sondern ein **bestimmtes Kapitalvolumen** v_0 realisiert werden soll. Dieser Möglichkeit wurde in der Funktion Rechnung getragen. v_0 bestimmt sich aus der Formel $v_{0,1} + v_{0,2} + v_{0,3} = v_0$. Graphisch werden $v_{0,1}$, $v_{0,2}$ und $v_{0,3}$ durch den jeweiligen Schnittpunkt der Parallele zur Abszisse (a) mit der Grenzfinanzierungskostenkurve ermittelt.
Bisher wurden nur die quantitativen Finanzierungskosten berücksichtigt. Werden die **qualitativen Elemente** des Risikos in die Untersuchung miteinbezogen unter gleichzeitiger Berücksichtigung der Interdependenzen zwischen den einzelnen Kapitalarten, so ergibt sich ein Gesamtfinanzierungskostenverlauf nach nachstehendem Schaubild, das aufgrund seiner Kompliziertheit nur stichpunktartig erörtert werden soll.

[1] vgl. dazu: **Lipfert, H.**, Optimale Unternehmensfinanzierung, a.a.O., S. 55

$\overline{E}'$ = Grenzertragserwartungswert

$\overline{w}_i$ = Eintrittswahrscheinlichkeiten

E'_* = frei wählbare Grenzertragskraft

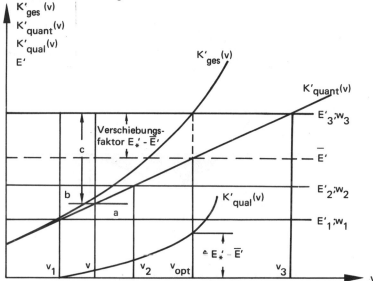

Abb. 33: Die Ermittlung des optimalen Verschuldungsgrads nach LIPFERT hinsichtlich des optimalen Kapitalvolumens[1]

Das optimale Gesamtvolumen ist in dem Punkt erreicht, in dem der **Risikofaktor** (das ist der für jedes Kapitalvolumen v als Verhältnis der mit den Eintrittswahrscheinlichkeiten gewogenen Grenzverlusterwartungen an dieser Stelle zu den entsprechenden gewogenen Gewinnerwartungen an derselben Stelle ermittelte Quotient) den Wert 1 annimmt, da in diesem Punkt die Gewinnerwartungen und Verlusterwartungen gleich groß sind.

Einen etwas einfacheren Ansatz der marginalen Bestimmung in graphischer Form stellt WITTE[2] vor:

E_o = optimales Volumen der Eigenkapitalmenge

F_o = optimale Fremdkapitalmenge

b = fixe Aufwendungen der Eigenfinanzierung

---

[1] vgl. dazu: **Lipfert, H.,** Optimale Unternehmensfinanzierung, a.a.O., S. 90

[2] vgl. dazu: **Witte, E.,** Die Finanzwirtschaft der Unternehmung, a.a.O., S. 570 f.

r = Grenzrentabilität pro zusätzlich investierter Kapitaleinheit

d = linear steigende Eigenkapitaldividende (inklusive aller marginalen Eigenkapitalaufwendungen)

i = Finanzierungsaufwand pro zusätzlicher Fremdkapitalmenge

Das optimale Volumen der Eigenfinanzierung (E_o) bestimmt sich durch den Schnittpunkt der marginalen Aufwendungen für das Eigenkapital (d) und der Grenzrentabilität (r), die im ersten Fall als linear angenommen wird (dem entspricht oben das Theorem Grenzfinanzierungskosten = Grenzertrag).

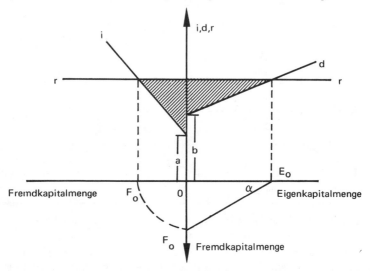

Abb. 34: Der optimale Verschuldungsgrad[1]

Analog dazu wird das optimale Fremdkapitalvolumen durch den Schnittpunkt (i;r) bestimmt. Das somit festgestellte Verhältnis des Eigenkapitals zum Fremdkapital stellt den optimalen Verschuldungsgrad dar. Graphisch wird der Verschuldungsgrad durch den tg α ermittelt, in dem OF_o auf den negativen Ast der Ordinate projiziert wird und die Punkte E_o und F_o miteinander verbunden werden.

Ein steigender Verlauf der marginalen Aufwendungen und ein sinkender Verlauf der Grenzrentabilität kann durch eine Modifikation des Schemas erfaßt werden:

---

[1] vgl. dazu: **Witte, E.,** Die Finanzwirtschaft der Unternehmung, a.a.O., S. 570

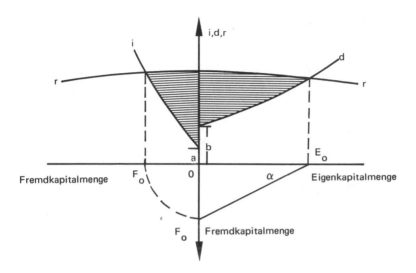

Abb. 35: Der optimale Verschuldungsgrad bei sinkender Grenzrentabilität[1]

Auch der marginalanalytische Ansatz entbehrt nicht einer Reihe von Ansatz-
punkten zur **Kritik.** Mit dem optimalen Kapitalvolumen wird zugleich der Ver-
mögensumfang bestimmt, da das Vermögen anzeigt, welche konkrete Verwendung
das Kapital in der Unternehmung gefunden hat. Die interne Rendite des Vermögens kann somit nicht ermittelt werden, ohne den Vermögensbestand und das
Gesamtkapitalvolumen zu berücksichtigen. LIPFERT hat zwar versucht, die
Interdependenzen zwischen den einzelnen Kapitalarten in die Untersuchung mit-
einzubeziehen und auch Modelle entwickelt, doch ist diesen Modellen hinsichtlich einer praktischen Anwendungsmöglichkeit nur ein minimaler Erfolg beschie-
den, da sie zu kompliziert und zu allgemein gehalten sind.

5.3 DIE PROBLEMATIK VON KAPITALSTRUKTUR- UND KAPITALVOLUMENMODELLEN

Auch die Analyse der gebräuchlichsten Modelle zur Bestimmung des optimalen
Verschuldungsgrades hat gezeigt, daß diesen Modellen Schwächen anhaften und sie
nur eine begrenzte Aussagefähigkeit besitzen.

---

[1] vgl. dazu: **Witte, E.,** Die Finanzwirtschaft der Unternehmung, a.a.O., S. 571

Die Probleme liegen zum einen in der Schwierigkeit, die zu berücksichtigenden Parameter **vollständig** zu erfassen und sie in eine formale Anordnung zu bringen. Zum anderen birgt schon der Ansatz der Optimierungsmodelle eine latente Gefahr in sich, da die Frage dezidiert werden muß, welche **Zielfunktionen** dem Modell zugrundegelegt werden sollen.

In den beschriebenen Modellen standen die Kapitalkostenminimierung, die Unternehmenswertmaximierung und die Gewinnmaximierung im Vordergrund. Es sind aber auch andere Zielfunktionen wie z.b. Autonomie, Sicherheit, Flexibilität und Liquidität (wie bei GOLDSCHMIDT) als alternative Kriterien der Optimalität verfolgbar. SCHNEIDER reduziert die Problematik auf ihren Kern: „Um das Optimum für irgendein Wahlproblem zu finden, müssen in mathematischer Formulierung oder in verbaler Umschreibung die hinreichenden und notwendigen Bedingungen für das Maximum (Minimum) festgelegt werden. Das ist der formallogische Akt der Optimumsuche. Der ökonomische Gehalt des Modells liegt allein in der Zielbildung und der Erfassung der Umweltbedingungen und der Annahmen über die Mittelbeanspruchungen . . . Über den ökonomischen Gehalt entscheiden allein die Exaktheit und Wirklichkeitsnähe der Zieldefinitionen und der Annahmen über die Mittelbeanspruchung!"[1]

Die Ziele werden von den Organisationsteilnehmern als Individuen definiert. Folglich kommt ihnen subjektiver Gehalt in Form von **Interessenwahrnehmung** zu. Im Bereich der Finanzierung werden diese Interessen in Interessengruppen (Geschäftsleitung, Eigenkapitalgeber und Fremdkapitalgeber) repräsentiert. Diese Interessengruppen versuchen nun, ihre **Ziele für die Unternehmung** in **Ziele der Unternehmung** zu transformieren. Die Extension ihres Einflusses hängt von ihrem **Machtpotential** ab. Neben Machtfaktoren wie Expertenmacht, Verhandlungsmacht und Informationsvorteile nimmt das Machtpotential aufgrund der **Verfügungsgewalt** über die in der Unternehmung befindlichen Kapitalteile eine eminente Stellung ein, sowohl hinsichtlich der **Konzentration** dieser Kapitalanteile bei einzelnen Organisationsteilnehmern als auch in Hinblick auf den Verschuldungsgrad (je stärker die Unternehmung verschuldet ist, desto stärker wächst der Einfluß der Fremdkapitalgeber). Es ist somit unsinnig, optimale Kapitalstrukturen aus Zielen abzuleiten, die ihrerseits von den Kapitalrelationen abhängen. So wird z.B. ein Eigen-/Fremdkapital von 3 : 1 zu anderen Zielvorstellungen führen (Eigenkapitalrentabilitätsmaximierung, Gewinnmaximierung, etc.) als eine Relation von 1 : 2 (Sicherheit, Liquidität, Gesamtrentabilität, usw.).

Ganz generell kann noch darauf hingewiesen werden, daß alle Modelle von einem **unrealistischen Kapitalmarkt** ausgehen bzw. nur der Kapitalmarkt für Kapitalgesellschaften betrachtet wird. Haftungsbeschränkungen und subjektive Einstellungen beeinträchtigen beispielsweise bei Personengesellschaften den Kapitalmarkt. Dieser Umstand der subjektiven Einschätzung führt auch dazu, daß im

---

[1] vgl. dazu: **Schneider, D.,** Investition und Finanzierung, a.a.O., S. 29

Hinblick auf die Beurteilung der Kapitalstruktur einer Unternehmung die Finanzierungsregeln formalen Optimierungsregeln vorgezogen werden.

5.4 FINANZWIRTSCHAFTLICHE ANPASSUNGSENTSCHEI-DUNGEN BEI BEGRENZTER FINANZIERUNG

Die Aufgabe der Finanzplanung besteht im wesentlichen in der zielgerichteten und zukunftsbezogenen Zusammenfassung aller kapitalwirtschaftlicher Vorgänge in Form der Erstellung und Korrektur von Finanzierungsplänen sowie der Erhaltung und Verbesserung von Finanzierungsmöglichkeiten.

Im einzelnen durchläuft die kurzfristige Finanzplanung fünf Phasen:

— Finanzprognose (Kapitalbedarfsermittlung)
— Anpassungsplanung
— Ermittlung von Anpassungsalternativen
— Feststellung von Anpassungsgrenzen
— Auswahl der Alternativen und Kontrolle

Im Zuge der Finanzplanung können bei der Kapitalbedarfsermittlung drei Fälle auftreten:

— die geplanten Einnahmen entsprechen den geplanten Ausgaben (1)

— die geplanten Einnahmen übersteigen die geplanten Ausgaben (2)

— die geplanten Einnahmen reichen nicht zur Deckung der geplanten Ausgaben (3)

Im ersten Fall bestehen keine direkten **Anpassungsprobleme**; allenfalls kann untersucht werden, ob eine andere Zusammensetzung des Kapitals zu Einnahmenüberschüssen führen würde.

Im zweiten Fall besteht die **Anpassungsentscheidung** in der **Verwendung der Überschüsse;** es bietet sich z.B. die Verringerung der Kapitalzuführung, Kapitalrückzahlung oder die Planung zusätzlicher Sach- oder Finanzinvestitionen an. Dabei ist es zweckmäßig, einen gewissen Teil des Überschusses als **Liquiditätsreserve** zu binden.

Ein erwartetes Einnahmendefizit (3) läßt generell zwei alternative **Anpassungsentscheidungen** zu. Entweder es wird die Finanzierung dem Kapitalbedarf angepaßt, in dem zusätzliche Mittel aufgenommen werden bzw. durch Umschichtung freigesetzt werden, oder aber es wird der Kapitalbedarf dem realisierbaren Finanzierungsvolumen angepaßt. Letzteres ist immer dann der Fall, wenn die Finanzierungsmöglichkeiten ausgeschöpft sind.

Es ist zu fragen, wodurch für die Unternehmung die Möglichkeiten zur Fremdfinanzierung, Eigenfinanzierung und Selbstfinanzierung **begrenzt** werden.

Die Möglichkeiten der **Fremdfinanzierung** sind zunächst durch die beschränkte Verfügbarkeit über sachenrechtliche und schuldrechtliche Sicherheiten begrenzt. Daneben besteht noch eine ökonomische Begrenzung in dem Verschuldungsgrad, an dem eine Tilgung (inkl. Zinsen) der Fremdkapitalmittel nicht mehr gewährleistet ist.

Die Möglichkeiten der **Eigenfinanzierung** bei den **Einzelunternehmungen** und den persönlich haftenden Gesellschaftern ist naturgemäß durch das zur Verfügung stehende Privatvermögen begrenzt. Daneben stehen auch nur in begrenztem Umfang potentielle Mitgesellschafter zur Verfügung. Die Grenzen der Eigenfinanzierung bei den **teilhaftenden Gesellschaftern,** insbesondere der Aktionäre, werden von der Beteiligungswürdigkeit bzw. Emissionswürdigkeit der Gesellschaft gezogen.

Die Beschränkung der **Selbstfinanzierung** als Unterform der Eigenkapitalfinanzierung ist objektiv und strikt durch den erwirtschafteten Gewinn gegeben. Da Teile des Gewinns als Steuer abgeführt werden müssen und oft auch ausgeschüttet werden müssen, kann regelmäßig nur mit einem Restbetrag des Gewinns frei disponiert werden.

Die **Finanzierung aus freigesetztem Kapital** erfährt eine Begrenzung durch die zulässige Höhe der Abschreibungen und Zuweisung zu den Rückstellungen sowie durch die maximal mögliche Verzögerung der Gewinnbesteuerung und Gewinnausschüttung.

Wenn nun der Kapitalbedarf höher ist als die Summe der Finanzierungsmöglichkeiten, dann wird die Erhaltung der Zahlungsfähigkeit in Frage gestellt; es entsteht ein **Liquiditätsengpaß.** Der **Liquiditätsengpaß** ist aufzufassen als eine noch nicht realisierte, zunächst nur im Finanzplan vorhandene Illiquidität der Unternehmung. Die Unternehmung ist im Zeitpunkt der Aufstellung des Finanzplans noch zahlungsfähig; unternimmt sie jedoch keine Anpassungsschritte, so läuft sie Gefahr, die Zahlungsfähigkeit zu verlieren.

Der Liquiditätsengpaß ist determiniert durch die **Höhe des finanzwirtschaftlichen Fehlbetrages** und den **Zeitraum der Illiquidität.** Die Maßnahmen zur Beseitigung eines Liquiditätsengpasses sind davon abhängig, ob die Finanzierungsmöglichkeiten durch Kapitalzuführung voll ausgeschöpft worden sind. Sind die Grenzen der Finanzierungsmöglichkeiten erreicht, bestehen zwei generelle Wege, die zur Beseitigung des Engpasses beschritten werden können:

— **Maßnahmen zur Senkung oder Verlangsamung geplanter Ausgaben**

— **Maßnahmen zur Erhöhung oder Beschleunigung geplanter Einnahmen**

Da der Kapitalbedarf determiniert ist durch die geplanten Investitionen einer Unternehmung, kann die Beseitigung des Engpasses durch die Vermeidung geplanter Investitionen bzw. durch Desinvestition (Verflüssigung vorhandener Vermögensbestände) erreicht werden. Ober aber es werden — hinsichtlich der zeitlichen Komponente — Investitionen verzögert und Desinvestitionen beschleunigt.

Maßnahmen zur Senkung oder Verzögerung geplanter Ausgaben können sich sowohl auf das **Anlagevermögen** (Verzicht auf Ersatzinvestitionen und Rationalisierungsinvestitionen) als auch auf das **Umlaufvermögen** (Verminderung der geplanten Waren- und Werkstoffbestände, Senkung der Ausbringungsmenge, Verzicht auf Einführung eines neuen Produkts usw.) beziehen. In allen Fällen ist darauf zu achten, daß im Saldo durch die Verringerung der Ausgaben kein überproportionaler Einnahmenausfall zu verzeichnen ist; d.h. die Ausgabensenkung muß höher sein als die Einnahmenverkürzung.

Maßnahmen zur Erhöhung oder Beschleunigung geplanter Einnahmen liegen in der **Desinvestition** von Bestandteilen des Anlage- und Umlaufvermögens (Abbau von Lagerbeständen, Veräußerung von nichtbetriebsnotwendigen Vermögen, wie Finanzbeteiligungen, Reservegrundstücke oder Veräußerung von Rechten) oder in einer **Steigerung des Outputs**. Im schlimmsten Fall kann es sogar notwendig werden, daß Teile des betriebsnotwendigen Vermögens veräußert werden, um Teile des Betriebs zu retten.

Die einzelnen liquiditätspolitischen Maßnahmen zur Beseitigung des Engpasses sind dabei unter den Gesichtspunkten der **Liquiditätssicherung** und der Auswirkung auf den **gesamtwirtschaftlichen Erfolg** zu beurteilen.

Insofern werden hier Fragen der **finanzwirtschaftlichen** und der **erfolgswirtschaftlichen Betrachtungsweise** direkt tangiert. Die **finanzwirtschaftliche Betrachtungsweise** orientiert sich an den Denk- und Rechenkategorien „**Einnahmen und Ausgaben**" und hat die **Sicherung der Liquidität** zum Ziel.

Die **erfolgswirtschaftliche Betrachtungsweise** hingegen bewegt sich in den Denk- und Rechengrößen von „**Aufwendungen und Erträgen**". Ihr Ziel ist die **Erwirtschaftung eines Erfolges** in Form der Gewinnerzielung bzw. der Verlustvermeidung. Die finanzwirtschaftliche und die erfolgswirtschaftliche Betrachtungsweise fallen zusammen, wenn ein Ertrag zum gleichen Zeitpunkt erfolgswirksam wird, wie die Einnahme erfolgt, und wenn die Aufwendung zum gleichen Zeitpunkt erfolgswirksam wird, wie die Ausgabe stattfindet.

Ausgabe	=	jeder von der Betriebswirtschaft gezahlte Geldbetrag
Einnahme	=	jeder an die Betriebswirtschaft geleistete Geldbetrag
Aufwand	=	Ausgabe, die Entgelt für empfangene Leistungen ist und einer bestimmten Rechnungsperiode zugerechnet wird
Ertrag	=	periodisch abgegrenzte Einnahme als Entgelt für abgegebene Leistungen

Aufwendungen/Erträge und Ausgaben/Einnahmen können nie der Höhe nach differieren, sondern nur in **zeitlicher Hinsicht** (transitorisch oder antizipativ). Es gibt somit keine Erträge und Aufwendungen, die nicht mit Einnahmen und Ausgaben zusammenhängen, während es durchaus möglich ist, daß Einnahmen und Ausgaben nicht zu Erträgen und Aufwendungen führen, und zwar bei den Einnahmen und Ausgaben des reinen Finanzbereichs (Aufnahme und Rückzahlung von Kapital, etc.).

Kontrollfragen zu Abschnitt 5

1   Beschreiben Sie Zielvorgabe und Nebenbedingung des Finanzierungsentscheidungsprozesses!

2   Durch welche Dimensionen ist die Bedeutung der Liquidität bestimmt?

3   Nennen Sie die vier Zustandsformen der Liquidität und charakterisieren Sie diese Zustände!

4   Erläutern Sie die Liquiditätskennzahlen und das net working capital!

5   Wie sind die Liquiditätskennzahlen zu beurteilen?

6   Skizzieren Sie Aufbau und Aussage des cash flow!

7   Wonach werden die Finanzierungsregeln unterschieden? Ordnen Sie hierbei auch die Liquiditätskennzahlen ein!

8   Beschreiben Sie die wichtigsten Zielfunktionen des Finanzierungsentscheidungsprozesses!

9   Worauf beruht der Leverage-Effekt?

10   Wie unterscheidet sich der finanzwirtschaftliche Kostenbegriff von dem erfolgswirtschaftlichen? Definieren Sie den Begriff der durchschnittlichen Kapitalkosten!

11   Schildern Sie den optimalen Verschuldungsgrad nach der konventionellen These!

12   Wo liegt das Optimum nach der MODIGLIANI-MILLER-These?

13   Würde eine Berücksichtigung der Ertragsteuern (wie es nachträglich von MODIGLIANI / MILLER versucht wurde) die generellen Aussagen des Theorems verändern?

14   Beschreiben Sie den Kern der Marginalanalyse!

15   Nehmen Sie kritisch zu den Kapitalstrukturmodellen Stellung!

16   Wodurch entsteht ein Liquiditätsengpaß und mit welchen Maßnahmen kann diesem begegnet werden?

17   Vergleichen Sie die finanzwirtschaftliche und die erfolgswirtschaftliche Betrachtungsweise!

6. SONDERFORMEN DER FINANZIERUNG

Finanzierungsentscheidungen können als **Partialentscheidungen** und als **Totalentscheidungen** auftreten. Partialentscheidungen sind in der Regel laufende Entscheidungen über die günstigste Art der Zusammensetzung der Kapitalarten und die Höhe des Kapitalvolumens. Daneben können auch Totalentscheidungen notwendig werden, die **konstitutiven** Charakter annehmen und einen schwerwiegenden Eingriff in die juristische und wirtschaftliche Situation der Unternehmung darstellen. Als solche Sonderfälle der Finanzierung, die, wenn sie nötig sind, meist nur einmal während der Lebensdauer einer Unternehmung erfolgen, sind zu nennen:

- **Kapitalerhöhung** (6.1)
- **Kapitalherabsetzung** (6.2)
- **Sanierung** (6.3)
- **Fusion** (6.4)
- **Umwandlung** (6.5)
- **Liquidation** (6.6)

6.1 DIE KAPITALERHÖHUNG

Die **Kapitalerhöhung bei Kapitalgesellschaften** wurde bereits in Abschnitt 3.1.1.2 ausführlich behandelt. Neben den beschriebenen Möglichkeiten der **offenen Kapitalerhöhung** nach §§ 182 ff. AktG (Kapitalerhöhung gegen Einlagen, Kapitalerhöhung aus Gesellschaftsmitteln, die bedingte Kapitalerhöhung und das genehmigte Kapital) wird vielfach noch die Existenz einer **verdeckten Kapitalerhöhung** gesehen. Als verdeckte Kapitalerhöhung ist die Einbringung unterbewerteter Gegenstände mit dem Zweck zur Bildung **stiller Reserven** zu betrachten.

Die Möglichkeiten der **Kapitalerhöhung bei Personengesellschaften** sind auf die **Selbstfinanzierung** in Form des Nichtverbrauchs von Reingewinnen und die **Beteiligungsfinanzierung** durch Einbringung zusätzlicher Einlagen der bisherigen oder neuer Gesellschafter beschränkt. Sofern der Gesellschaftsvertrag oder die Satzung nichts anderes vorsehen, ist die Kapitalerhöhung mit Rücksicht auf mögliche Verschiebungen der Beteiligungsverhältnisse nur mit Zustimmung aller Gesellschafter zulässig. Wenn die Kapitalerhöhung nicht zu entsprechend höheren Gewinnerzielungen führt, ist die Gefahr eines Absinkens der Rentabilität aufgrund von Überfinanzierung gegeben. Daher sieht der Gesellschaftsvertrag oft vor, daß die quotale oder absolute Beteiligung der Gesellschafter ein bestimmtes Ausmaß nicht überschreiten darf.

6.2 DIE KAPITALHERABSETZUNG

Unter den Begriff der Kapitalherabsetzung fallen sowohl die Herabsetzung des Eigenkapitals wie auch die Herabsetzung des Fremdkapitals. Jedoch soll die Herabsetzung des Fremdkapitals, die sich auf die Rückzahlung von Fremdkapital und die Abwertung von Fremdkapital aufgrund eines gerichtlichen Vergleichs bezieht, nicht besonders erörtert werden.

Bei der Kapitalherabsetzung des Eigenkapitals ist zu differenzieren zwischen den besonderen Erscheinungsformen der Kapitalherabsetzung nach dem AktG für Aktiengesellschaften und der Herabsetzung bei den anderen Rechtsformen.

6.2.1 Die Kapitalherabsetzung bei den verschiedenen Rechtsformen

Bei der Einzelunternehmung bietet sich eine breite Palette an Möglichkeiten. Die unbeschränkte Haftung und die alleinige Verfügungsgewalt über das Kapital erlauben Kapitalherabsetzungen durch Verluste, durch Privatentnahmen als Herabsetzung eingelegten Kapitals und durch Entnahme von Gewinnen. Bei der OHG ergibt sich insoweit eine Begrenzung der Kapitalherabsetzung, als Privatentnahmen, wenn im Gesellschaftsvertrag nichts anderes festgelegt wurde, gemäß § 122 HGB nur 4 % ihres Kapitalanteils und — vorausgesetzt, „daß es nicht zum offenbaren Schaden der Gesellschaft gereicht" — darüberhinaus den diesen Betrag übersteigenden Anteil am Gewinn ausmachen dürfen. Daneben besteht bei der OHG noch die Möglichkeit der Kapitalauszahlung bei Ausscheiden eines Gesellschafters oder aufgrund eines entsprechenden Beschlusses aller Gesellschafter. Für die Komplementäre der KG gilt analog das gleiche wie für die Gesellschafter der OHG, während die Kommanditisten keine Privatentnahmen tätigen können und ihre Gewinnanteile erst ausgeschüttet werden können, wenn ihre Kapitalanteile voll einbezahlt sind. Verluste können zu einem negativen Kapitalanteil der Kommanditisten führen. Bei der GmbH muß der Beschluß einer Kapitalherabsetzung dreimal in den Gesellschaftsblättern veröffentlicht werden, verbunden mit der Aufforderung an die Gläubiger, sich zu melden. Gläubiger, die einer geplanten Kapitalerhabsetzung nicht zustimmen wollen, sind zu befriedigen oder sicherzustellen. Nach Ablauf eines Jahres nach der letzten Veröffentlichung des Beschlusses kann die Anmeldung zur Eintragung in das Handelsregister erfolgen. Erst nach erfolgter Eintragung dürfen Zahlungen an die Gesellschafter im Zuge der Kapitalherabsetzung geleistet werden.

6.2.2 Die Kapitalherabsetzung bei den Aktiengesellschaften

Das Aktiengesetz kennt drei Möglichkeiten der Kapitalherabsetzung bei Aktiengesellschaften:

— die ordentliche Kapitalherabsetzung (§§ 222 - 228 AktG)

— die **vereinfachte Kapitalherabsetzung** (§§ 229 - 236 AktG)

— die **Kapitalherabsetzung durch Einziehung von Aktien** (§§ 237 - 239 AktG)

Die ordentliche Kapitalherabsetzung muß mit 3/4 Mehrheit in der Hauptversammlung beschlossen werden, wenn die Satzung keine größere Mehrheit oder zusätzliche Erfordernisse vorsieht. Der Zweck der Kapitalherabsetzung muß aus dem Beschluß hervorgehen. Als Mittel zur technischen Durchführung der ordentlichen Kapitalherabsetzung stehen die **Herabsetzung des Nennwertes** der Aktien und — soweit der Mindestnennwert nicht eingehalten werden kann — die **Zusammenlegung von Aktien** zur Verfügung. Die Kapitalerhöhung wird erst nach erfolgter Eintragung des Beschlusses in das Handelsregister wirksam. Eine Auszahlung an Aktionäre darf aber zu diesem Zeitpunkt noch nicht erfolgen. Es ist eine 6-Monatsfrist abzuwarten. Während dieser Zeit ist Gläubigern, die sich melden, Sicherheit zu leisten, soweit sie nicht befriedigt werden können.

Die **vereinfachte Kapitalherabsetzung** ist nur zulässig, wenn es sich um eine **buchmäßige Kapitalherabsetzung** handelt, d.h. nur zum Ausgleich von Wertminderungen, Deckung sonstiger Verluste, Einstellung von Beträgen in die gesetzliche Rücklage. Zuvor müssen die gesetzlichen und freien Rücklagen aufgelöst werden, soweit sie 10 % des neuen Grundkapitals (Grundkapital nach der Herabsetzung) übersteigen. Ausschüttungen an Aktionäre sind unzulässig. Zeigt sich, daß der erwartete Verlust als zu hoch angenommen wurde, ist der Differenzbetrag in die gesetzliche Rücklage einzustellen. Zukünftige Gewinne sind erst auszuschütten, wenn die gesetzliche Rücklage wieder 10 % des Grundkapitals erreicht hat. Aufgrund der buchmäßigen Durchführung der vereinfachten Kapitalherabsetzung und der klaren Einengung der Zulässigkeit dieser Kapitalherabsetzung ist ein Gläubigerschutz nicht vorgesehen und nicht notwendig.

Eine dritte Möglichkeit, das Kapital herabzusetzen, besteht für die Aktiengesellschaft darin, daß sie **eigene Aktien** einzieht und diese zur Herabsetzung des Grundkapitals heranzieht. Zu diesem Zweck stehen grundsätzlich zwei Wege offen:

— **Einziehung nach Erwerb**

— **Zwangsweise Einziehung**

Die **zwangsweise Einziehung** ist nur gestattet, wenn dies in der Satzung eindeutig festgelegt wurde. Die eingezogenen Aktien müssen vernichtet werden. Der Gläubigerschutz wird bei der Kapitalherabsetzung durch Einziehung von Aktien wie bei der ordentlichen Kapitalherabsetzung gehandhabt. Die Vorschriften der vereinfachten Kapitalherabsetzung finden Anwendung, wenn volleingezahlte Aktien der Unternehmung unentgeltlich zur Verfügung gestellt werden (die Aktionäre erhalten keine Einziehungsentschädigung) oder wenn volleingezahlte Aktien zu Lasten des Bilanzgewinns oder einer freien Rücklage eingezogen werden.

6.3 DIE FINANZIELLE SANIERUNG

„Unter Sanierung soll die Summe aller Maßnahmen zur Beseitigung einer dauerhaften, nicht nur vorübergehenden Illiquidität bzw. einer bedrohlich fallenden Rentabilität verstanden werden. Die beiden Anlässe für Sanierungsmaßnahmen, die drohende Illiquidität und Verluste wegen negativer Rentabilität, können also gleichzeitig auftreten oder auch einzeln."[1] Die Sanierung im weiteren Sinne umfaßt jede organisatorische Umstellung im technischen oder kaufmännischen Bereich, während die Sanierung im engeren Sinne die einmalige Durchführung einer Finanzierungsmaßnahme mit dem Ziel der Beseitigung eines finanziellen Ungleichgewichts zwischen Vermögen und Kapital meint. Die Durchführung einer Sanierung setzt die **Kenntnis der Krankheitsursachen** voraus, die im Kern beseitigt werden müssen. Ist dies nicht möglich, besteht also keine Aussicht auf Erfolg, ist ein Vergleichs- oder Konkursverfahren gegebenenfalls angeraten. Die Ursachen können vielfältigster Natur sein (Mißverhältnis von Eigenkapital zu Fremdkapital, Fehldisposition in der zeitlichen Kapitalbindung, Unzweckmäßigkeit der Betriebsgröße, konservative Geschäftspolitik, um nur einige zu nennen). Die finanzielle Sanierung hat zum Ziel, die Auswirkungen dieser Ursachen auf das finanzielle Gleichgewicht zu beseitigen; es werden also nicht die Ursachen beseitigt (dies bleibt anderen Unternehmensbereichen vorbehalten, sondern die **Auswirkungen.** Einen Überblick über die alternativen Formen der finanziellen Sanierung vermittelt Abb. 36:

---

[1] vgl. dazu: **Vormbaum, H.,** Finanzierung der Betriebe, a.a.O., S. 312

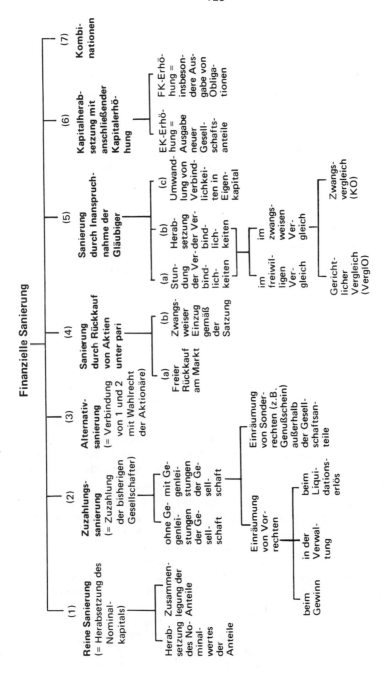

Abb. 36: Formen der finanziellen Sanierung[1]

[1] Quelle: **Vormbaum, H.,** Finanzierung der Betriebe, a.a.O., S. 315

Dieses Schaubild gewährt einen recht informativen Überblick über die alternativen Formen der Sanierung und ihre technische Durchführung; lediglich die Formen der **reinen Sanierung** und der **Sanierung durch Rückkauf von Aktien unter pari** bedürfen des besseren Verständnisses willen ergänzender Ausführungen.

6.3.1 Die reine Sanierung

Die **reine Sanierung** ist vorzugsweise aufzufassen als Ausgleich einer **Unterbilanz** (einem festen Eigenkapitalbestandteil steht ein Verlust gegenüber) durch rechnerisches Angleichen der Passivwerte an die Aktiven. Dazu stehen vier Alternativen zur Verfügung:

- **Herabstempelung von Aktien**
- **Zusammenlegung von Aktien**
- **Verzicht auf Aktien**
- **Auflösung stiller Reserven**

Um das Wesen der **Herabstempelung** zu verdeutlichen, soll ein Beispiel gewählt werden:

Bilanz einer Aktiengesellschaft

Anlagevermögen	8	Grundkapital	12
Umlaufvermögen	5	Fremdkapital	6
Verlust (Unterbilanz)	5		
	18		18

Um die Unterbilanz zu beseitigen, müßte das Aktienkapital von 12 auf 7 herabgesetzt werden. Das Grundkapital ist definiert als die Summe der Nennbeträge aller ausgegebenen Aktien. Somit würde eine Kapitalherabsetzung für jede Aktie eine Reduzierung des Nennbetrages um 41 % bedeuten.

In der Regel wird der Kapitalschnitt noch strenger durchgeführt, d.h. es wird nicht nur der Verlust (die Unterbilanz) beseitigt, sondern zusätzlich die Bildung eines **Sanierungsgewinnes** angestrebt, um die Unternehmung finanziell zu stärken. Es wird also beispielsweise das Grundkapital von 12 auf 6 herabgesetzt. Der Buchgewinn aufgrund der Kapitalherabsetzung erscheint zunächst auf einem Sanierungserfolgskonto und geht nach Saldierung mit der Unterbilanz in die Rücklagenbildung ein, so daß schließlich folgende Sanierungsschlußbilanz entsteht:

Sanierungsbilanz der AG

Anlagevermögen	6	Grundkapital	6
Umlaufvermögen	3	Fremdkapital	2
		gesetzliche Rücklagen	1
	9		9
	====		====

Mit Blick auf die **paritätische Behandlung** der Anteilseigner wäre dies die gegebene Form der Sanierung, da hier keine Besitzverschiebungen bzw. Veränderungen in der Zahl der Aktionäre ausgelöst werden. Das Herabstempeln von Aktien sieht sich jedoch einer Begrenzung gegenüber, da durch die Herabstempelung der **Mindestnennbetrag** der Aktien nicht unterschritten werden darf. Als Ausweg in diesen Fällen ist die **Zusammenlegung von Aktien** im Aktiengesetz vorgesehen. In Analogie zu vorstehendem Beispiel würde dies heißen, daß die Aktien im Verhältnis 2:1 zusammenzulegen sind; der Aktionär besitzt also statt bisher 2 Aktien nur noch eine Aktie. Als Resultat ergibt sich der gleiche Buchgewinn wie oben, da der Aktionär keinen Gegenwert für die Aktien erhält, jedoch wird durch dieses Verfahren der Kreis der Aktionäre kleiner, da Kleinaktionäre, die nur eine Aktie besitzen, entweder noch eine Aktie dazukaufen müssen oder ihre Aktien veräußern (noch gravierender wird dieser Effekt bei größeren Bezugsverhältnissen, z.B. Zusammenlegung im Verhältnis 5:3). Die dritte Form der reinen Sanierung kommt fast ausschließlich bei der Familienaktiengesellschaft oder bei sonstigen geschlossenen Aktionärskreisen vor. Sie ist dadurch gekennzeichnet, daß jeder Aktionär oder Großaktionäre freiwillig auf einen Teil ihres Aktienbesitzes verzichten. Die Aktienanteile werden dann für kraftlos erklärt bzw. eingezogen und eingestampft; der rechnerische Erfolg bei dieser Art der reinen Sanierung ist somit der gleiche wie bei der Herabstempelung und Zusammenlegung der Aktien.

Schließlich kann die Auflösung **stiller Reserven** noch begrenzt der reinen Sanierung zugerechnet werden. Wenn die Unterbilanz nur buchmäßig besteht, kann es unter Umständen möglich sein, durch eine neue Bewertung der Unternehmung Mittel zuzuführen oder zu entziehen.

6.3.2 Die Sanierung durch den Rückkauf von Aktien unter pari

Verfügt die Unternehmung trotz Bestehens einer Unterbilanz noch über genügend liquide Mittel, kann die Unternehmung durch den **Rückkauf eigener Aktien unter pari** saniert werden. § 71 AktG sieht vor, daß zur Beseitigung von Verlusten der Erwerb eigener Aktien bis zu 10 % des Grundkapitals gestattet ist. Diese Beschränkung würde jedoch in den meisten Fällen nicht für eine umfassende Sanierung ausreichen; deshalb ist in § 71 AktG auch festgelegt, daß diese Vorschrift nur zwingend ist, wenn die Aktien nicht nach § 237 AktG erworben wurden. Somit wird die Sanierung durch den Rückkauf eigener Aktien unter pari regelmäßig den Weg der **ordentlichen Kapitalherabsetzung** beschreiten müssen, d.h. es ist eine 3/4 Mehrheit in der Hauptversammlung erforderlich, wenn über 10 % der eigenen Aktien erworben werden. Ein Beispiel, gewählt nach WÖHE, mag die technische Durchführung der Sanierung erläutern:[1]

Eine Unternehmung (Bilanz I) verkauft Anlagen im Wert von 100 000 DM, da die Kapazität nur noch halb ausgenützt ist, und kauft mit den dadurch erhaltenen Mitteln eigene Aktien mit dem Nennwert von 200 000 DM, also zum Kurs von 50 % des Nennwerts zurück. Diese Aktien werden nach § 153 AktG nicht mit dem Nennwert, sondern nach dem Niederstwertprinzip angesetzt, also mit 100 000 (Bilanz II). Der Betrieb setzt als nächsten Schritt das Nominalkapital um den Nennwert der eigenen Aktien, also um 200 000 DM herab. Auf der Aktivseite werden die eigenen Aktien abgebucht mit dem Effekt, daß ein Buchgewinn von 100 000 DM zu verzeichnen ist, der zur partiellen Tilgung des Verlustes beiträgt (Bilanz III). Werte in Tausend DM.

Bilanz I			Bilanz II			Bilanz III		
AV	200	GK 500	AV	100	GK 500	AV	100	GK 300
UV	100		UV	100		UV	100	
Verl.	200		eig.	100		Verl.	100	
			Aktien					
	500	500	Verl.	200			300	300
				500	500			

6.4   DIE FUSION

6.4.1   Begriffe und Motive der Fusion

Die Fusion meint die Verschmelzung zweier oder mehrerer Unternehmungen unter Aufgabe ihrer wirtschaftlichen und juristischen Selbständigkeit mit dem Zweck der Marktbeeinflussung, der Rationalisierung, der Kapazitätserweiterung, der Sanierung, der Erhöhung der Kreditwürdigkeit oder der Erzielung von Steuervorteilen. Die Fusion ist nicht an eine bestimmte Rechtsform gebunden; generell ist zu differenzieren zwischen

—   **rechtsgeschäftlicher Übertragung des Vermögens mit Liquidation (Einzelübertragung)**

[1]   vgl. dazu: **Wöhe, G.,** Einführung in die allgemeine Betriebswirtschaftslehre, a.a.O., S. 620 f.

— Übertragung des gesamten Vermögens im Wege der Gesamtrechtsnachfolge

Die **Einzelübertragung** kommt vor allem für Rechtsformen in Frage, bei denen
die aktienrechtlichen Vorschriften nicht greifen, während sich die Übertragung
durch **Gesamtrechtsnachfolge** ausschließlich auf die Kapitalgesellschaften (Aktiengesellschaften) bezieht. Das Aktiengesetz kennt zwei Varianten der Verschmelzung: entweder eine bestehende Gesellschaft geht in einer anderen Gesellschaft auf (**Verschmelzung durch Aufnahme** nach §§ 339 ff. AktG) in der
Weise, daß sie gegen Entschädigung ihrer Aktionäre ihre gesamten Vermögensbe-
standteile auf die aufnehmende Gesellschaft überträgt, oder aber mehrere Unternehmungen gründen zusammen eine neue Gesellschaft (**Verschmelzung durch
Neubildung** nach §§ 353 ff. AktG) auf die die Vermögensbestände der beteiligten Gesellschaften als Ganzes gegen Gewährung von Aktien der neugebildeten
Gesellschaft übergehen. Voraussetzung der letztgenannten Form der Fusion ist,
daß die beteiligten Gesellschaften mindestens zwei Jahre im Handelsregister
eingetragen waren. Grundsätzlich muß eine Fusion bei Aktiengesellschaften von
der Dreiviertelmehrheit des anwesenden Aktienkapitals der Hauptversammlung
beschlossen werden.

Gelegentlich wird noch differenziert zwischen einer **horizontalen** und einer
vertikalen Fusion. Von einer **horizontalen** Fusion wird gesprochen, wenn Unternehmungen der gleichen Produktions- oder Handelsstufe miteinander ver-
schmolzen werden, während hingegen die **vertikale** Fusion eine Verschmelzung
von Unternehmungen verschiedener Produktionsstufen (Rohstoffbetriebe, Ver-
arbeitungsbetriebe, Vertriebsgesellschaften) bezeichnet.

6.4.2 Technischer Ablauf der Fusion am Beispiel der Ver-
schmelzung durch Aufnahme

Es sei angenommen, eine Aktiengesellschaft A nimmt eine Aktiengesellschaft B
auf, d.h. die A Gesellschaft muß den B Aktionären für den bisherigen Besitz an
B Aktien als Ausgleich A Aktien übergeben. Sollte die A Gesellschaft nicht über
genügend eigene Aktien verfügen (was die Regel sein wird), um diesen Umtausch vollständig abwickeln zu können, so hat das unentziehbare Bezugsrecht
der B Aktionäre eine Kapitalerhöhung der A Gesellschaft zur Folge. Der Umtausch wird erschwert durch die unterschiedliche Kurshöhe der Aktien der A
und B Gesellschaft. Haben beispielsweise die A Aktien einen Kurs von 200 %
und die B Aktien von 110 %, so ergibt sich kein glattes Umtauschverhältnis
(20 : 11). Näherungsweise ergibt sich ein Umtauschverhältnis von 2 B Aktien
gegen 1 A Aktie; dies würde freilich einer Benachteiligung der B Aktionäre
gleichkommen. Diese Benachteiligung könnte entweder dadurch beseitigt werden, daß 10 % des eingebrachten Aktienkapitals der B Gesellschaft an ihre
Aktionäre zurückbezahlt werden, oder aber daß der Kurs durch eine entspre-

chende Gewinnausschüttung auf 100 gedrückt wird. Genauso wäre es denkbar, den Kurs der B Gesellschaft durch manipulative Kurskorrekturen auf 220 % zu erhöhen. In unserem Beispiel weisen nun die A Aktien einen Kurs von 100 % auf; somit ergibt sich ein glattes Umtauschverhältnis von 2:1. Die Bilanzen der Gesellschaft vor der Fusion haben folgendes Aussehen:[1]

Bilanz A AG				Bilanz B AG			
AV	8	GK	9	AV	7	GK	6
UV	3	FK	2	UV	3	FK	4
	11		11		10		10
	==		==		==		==

Aufgrund der Fusion entsteht folgende erste Fusionsbilanz, die anschließend noch durch Abschreibungen und Gewinnverwendungen glattgestellt werden kann:

Bilanz A AG					
UV	A	3	GK	A	9
	B	8		B	3
AV	A	8	FK	A	2
	B	7		B	4
			Fusions-gewinn		3
		21			21
		==			==

6.5 DIE UMWANDLUNG

Unter **Umwandlung** ist die Überführung einer Unternehmung von einer Rechtsform in eine andere Rechtsform zu verstehen. Die Motive einer Umgründung können **steuerlicher, wirtschaftlicher oder rechtlicher Natur** sein (Haftung, Kapitalbeschaffung, Steuerbelastungsunterschiede, um nur einige Gründe zu nennen). Die verschiedenen Formen der Umwandlung und ihre rechtlichen Grundlagen veranschaulicht nachstehende Systematik:

---

1 vgl. dazu: **Beckmann, L.,** Die betriebswirtschaftliche Finanzierung, a.a.O., S. 182 f.

UMGRÜNDUNGEN IM WEITEREN SINNE

ohne Liquidation = wirtschaftliche Identität der Betriebe

- **mit rechtlicher Identität der Betriebe:** Formwechselnde Umwandlung durch Satzungsänderung, keine besondere Vermögensübertragung
- **ohne rechtliche Identität der Betriebe** (=übertragende Umwandlung) = Vermögensübertragung erforderlich, möglich im Wege der Gesamtrechtsnachfolge (nach Umwandlungsgesetz)

mit Liquidation (= Umgründung i.e.S.) = keine wirtschaftliche und rechtliche Identität der Betriebe = Einzelrechtsnachfolge

- Einzelunternehmen → Personenges.
- Einzelunternehmen → Kapitalges.
- Personengesellschaft → Kapitalges.
- Genossenschaft → Personenges.
- Genossenschaft → Einzelunternehm.

Die übertragende Umwandlung gliedert sich in:

- **Verschmelzende Umwandlung** = Übertragung des Vermögens auf einen bestehenden Betrieb oder eine Person
- **Errichtende Umwandlung** = Übertragung des Vermögens auf eine zu errichtende Gesellschaft

(a) nach Aktiengesetz

Ausgangsform	Formwechselnde Umwandlung	Verschmelzende Umwandlung	Errichtende Umwandlung
AG	→ KGaA 362-365 AktG; → GmbH 369-375 AktG	→ OHG 3-14 UmwG; → KG 20 UmwG; → Allein- oder Hauptaktionär 15 UmwG	→ OHG,KG 16-20 UmwG; → BGB-Ges. 21-22 UmwG
KGaA	→ AG 366-368 AktG; → GmbH 386-388 AktG	→ OHG 23 UmwG; → KG 23 UmwG; → Allein- oder Hauptgesellschafter 23 UmwG	→ OHG,KG 23 UmwG; → BGB-Ges. 23 UmwG
GmbH	→ AG 376-383 AktG; → KGaA 389-392 AktG	→ OHG 24 UmwG; → KG 24 UmwG; → Allein- oder Hauptgesellschafter 24 UmwG	→ OHG,KG 24 UmwG; → BGB-Ges. 24 UmwG
Gewerkschaft	→ AG 384-385 AktG; → KGaA 393 AktG	→ OHG 25-29 UmwG; → KG 25-29 UmwG; → Allein- oder Hauptgesellschafter 25-29 UmwG	→ OHG,KG 25-29 UmwG; → BGB-Ges. 25-29 UmwG
Versicherungsverein auf Gegenseitigkeit	→ AG 385 d-l AktG		
Genossenschaften mit beschränkter Haftung	→ AG 385 m-q AktG		
Körperschaft oder Anstalt des öffentl. Rechts	→ AG 385 a-c AktG		

Weitere Errichtende Umwandlungen:

- Gebietskörperschaften und Gemeinden → AG 57 UmwG
- Realgemeinden u.ä. Verbände → GmbH 58 UmwG
- Kolonialgesellschaften → AG 60 UmwG
- Wirtschaftl. Vereine → AG 61 UmwG
- Personengesellschaften → AG 62 UmwG
- Einzelunternehmen → AG,KGaA 40-45 UmwG; → GmbH 46-49 UmwG; → AG, KGaA 50-56 UmwG

(b) nach Umwandlungsgesetz

Körperschaft oder Anstalt des öffentl. Rechts
- → GmbH 59 UmwG
- → GmbH 63-65 UmwG

(c) nach HGB und Grundsatz der Vertragsfreiheit

OHG
- → KG 139 HGB
- → Einzeluntern. 142 HGB

KG
- → Einzeluntern. 142 HGB

Abb. 37: Die Umwandlung[1]

[1] Quelle: **Vormbaum, H.,** Finanzierung der Betriebe, a.a.O., S. 269

6.6 DIE LIQUIDATION

Die **Liquidation** bezeichnet die Auflösung einer Unternehmung. Die Gründe und Motive einer Liquidation können mannigfaltiger Natur sein. Die Vielzahl der Motive läßt sich in einer Dreiteilung typisieren: **freiwillige** Liquidation, **gesetzliche** Liquidation (Konkurs) und **vertragliche** Liquidation. Die **freiwillige** Liquidation beruht auf einem Gesellschafterbeschluß, in dem Teile **(Teilliquidation)** oder der ganze Betrieb **(Totalliquidation)** aufgelöst werden. Die **vertragliche** Liquidation kann z.B. festgelegt werden, wenn der Zweck der Betriebsgründung erfüllt wurde (z.B. Olympiabaugesellschaften). Die **gesetzliche** Liquidation ist vorgesehen, wenn Verträge auslaufen oder nicht mehr erneuert werden oder wenn über das Vermögen der Gesellschaft der Konkurs eröffnet wird.

Wenn die Liquidation der Form nach durchgeführt wird, spricht man von einer **formellen** Liquidation; wenn hingegen die vorhandenen Produktionsmittel effektiv am Markt veräußert werden, spricht man von einer **materiellen** Liquidation. Zum Zwecke der Liquidation werden Liquidationsbilanzen erstellt.

Kontrollfragen zu Abschnitt 6

1   Welche Möglichkeiten der Kapitalerhöhung stehen der Personengesellschaft offen?

2   Nennen Sie Gründe der Herabsetzung des Fremdkapitals!

3   Erläutern Sie die vereinfachte Kapitalherabsetzung!

4   Wann hat eine Sanierung Aussicht auf Erfolg ?

5   Definieren Sie den Begriff der Unterbilanz!

6   Beurteilen Sie vom Standpunkt der Aktionäre die verschiedenen Möglichkeiten der reinen Sanierung!

7   Welche Bestimmungen sieht das Aktiengesetz bei der Sanierung durch Rückkauf eigener Aktien unter pari vor?

8   Zeigen Sie an einem Beispiel (Erstellung von Bilanzen) die Verschmelzung durch Neubildung!

9   Sieht das Aktiengesetz die Möglichkeit der Einzelübertragung vor?

10   Nennen Sie die Motive, die für eine Umwandlung ausschlaggebend sein können!

11   In welchem Zusammenhang stehen Umwandlung und Liquidation?

12   Skizzieren Sie die gesetzliche Liquidation!

13   Welchem Sonderfall der Finanzierung ist der gerichtliche Vergleich zuzuordnen?

14   Rekapitulieren Sie die alternativen Möglichkeiten der Kapitalerhöhung nach dem Aktiengesetz!

15   Wie werden bei der Fusion die stillen Reserven berücksichtigt?

16   Erläutern Sie die Möglichkeiten einer vertraglichen Liquidation an praktischen Beispielen!

7. SAMMLUNG VON EXAMENSTHEMEN

1. Liquidität und Rentabilität als Entscheidungskriterien für Finanzierungsentscheidungen der Unternehmen.

2. Die Beziehungen zwischen Selbstfinanzierung und Fremdfinanzierung (einzugehen ist u.a. auf Begriffe, inhaltliche Abgrenzung, spezielle Probleme, insbesondere Beziehungen Selbstfinanzierung / Fremdfinanzierung).

3. Diskutieren Sie die Möglichkeiten und Grenzen der Kapitalbedarfsrechnung.

4. Bestimmungsfaktoren einer optimalen Selbstfinanzierungspolitik.

5. Das Liquiditätsproblem – Möglichkeiten und Grenzen seiner Berücksichtigung in kapitaltheoretischen Modellen.

6. Die Eignung von Kapitalstrukturmodellen für die langfristige Finanzplanung.

7. Vergleichen Sie Risiko und Rentabilität als Bestimmungsfaktoren für die Finanzierungspolitik von privatwirtschaftlichen und öffentlichen Unternehmen.

8. Diskutieren Sie Möglichkeiten und Probleme der Koordination von Investitions- und Finanzierungsentscheidungen.

9. Erfolgsplanung und Finanzplanung – Gemeinsamkeiten und Unterschiede.

10. Der cash flow wird zuweilen als Summe von Gewinn und Abschreibungen definiert. Inwieweit eignet sich der so definierte cash flow zur Beurteilung erfolgswirtschaftlicher und/oder finanzwirtschaftlicher Tatbestände? Schlagen Sie gegebenenfalls zweckmäßigere Definitionen vor und begründen Sie diese Vorschläge.

11. Wie beurteilen Sie den Einfluß nachstehender Rechtsformen – Einzelfirma, OHG, GmbH & Co., GmbH, AG – auf die Finanzierung der Unternehmung?

12. Richtungweisende finanzpolitische Unternehmerentscheidungen – Arten, Eigenschaften, Problematik.

13. Die Beurteilung der finanziellen Verhältnisse der Unternehmung auf der Grundlage von Bilanzen und Kapitalflußrechnungen.

14. Diskutieren Sie einige Kennziffern, die als Indikatoren der finanziellen Lage eines Unternehmens herangezogen werden können.

15. Selbstfinanzierung der Unternehmung in der gegenwärtigen Situation.

16. Analysieren Sie die Auswirkungen einer Variation der Eigen-/Fremdkapitalrelation auf die Rentabilität des eingesetzten Eigenkapitals sowie auf das Risiko des Eigenkapitalerfolges einer Unternehmung (Leverage-Effekt); leiten Sie aus Ihrer Analyse Entscheidungsregeln für den zweckentsprechenden Fremdkapitaleinsatz unter der Voraussetzung ab, daß nur unvollkommene Informationen über die zukünftige Gesamtkapitalrentabilität vorhanden sind.

17. Die Liquidität der Unternehmung im Konjunkturverlauf.

18. Einflüsse inflationärer Preisentwicklung auf die Investitions-, Finanzierungs- und Lagerpolitik der Unternehmung.

19. Beurteilen Sie auf organisationstheoretischer Basis die Forderung nach einer optimalen Kapitalstruktur.

20. Inwieweit läßt das Aktiengesetz von 1965 die Bildung stiller Rücklagen zu? Diskutieren Sie gegebenenfalls den Finanzierungseffekt dieser Rücklagen.

21. Stellen Sie die Berücksichtigung von Kapitalkosten bei betrieblichen Entscheidungen dar.

22. Nehmen Sie kritisch zu den Ihnen bekannten modelltheoretischen Versuchen zur Bestimmung des optimalen Verschuldungsgrades einer Unternehmung Stellung.

23. Herr X will eine Unternehmung (Industrie und Handel) entweder als AG, GmbH oder Einzelunternehmung gründen und besitzt 500,— DM. Erstellen Sie ein Beratergutachten mit folgenden Schwerpunkten: Gründungskosten, laufende Belastungen, soziale Implikationen. Herr X strebt langfristig eine hohe Rendite des Kapitals an.

24. Stellen Sie die liquiditätspolitischen Möglichkeiten einer Unternehmung dar, die zur Überwindung eines Liquiditätsengpasses nicht die Möglichkeit besitzt, Eigenkapital oder Fremdkapital aufzunehmen.

8. LITERATUR- UND QUELLENVERZEICHNIS

Albach, H., Zur Finanzierung von Kapitalgesellschaften durch ihre Gesellschafter, in: Zeitschrift für die gesamte Staatswissenschaft 1962, S. 653 ff.

Altmann, E.I., Financial Ratios, Discriminant Analysis and the Prediction of Corporate Bancruptcy, in: The Journal of Finance 1968, S. 589 ff.

Anderegg, J., Das Problem der optimalen Kapitalausstattung der Unternehmung, Diss. Frankfurt/M. 1956

Arbeitskreis Tacke der Schmalenbach-Gesellschaft, Die besonderen Kriterien des Leasing, in: ZfbF 1972, S. 349 ff.

Archer, S.H./D'Ambrosio, C.A., Business Finance, 2nd ed., New York/London 1972

Baxter, N.D., Risk of Ruin and the Cost of Capital, in: The Journal of Finance 1967, S. 395 ff.

Beckmann, L., Die betriebswirtschaftliche Finanzierung, 2. Aufl., Stuttgart 1956

Beckmann, L./Pausenberger, E., Gründungen, Umwandlungen, Fusionen, Sanierungen, Wiesbaden 1961

Beja, A., The Structure of the Cost of Capital under Uncertainty, in: The Review of Economic Studies 1971, S. 359 ff.

ders., On Systematic and Unsystematic Components of Financial Risk, in: The Journal of Finance 1972, S. 37 ff.

Bellinger, B., Langfristige Finanzierung, Wiesbaden 1964

Beranek, W., Working Capital Management, Belmont/Cal. 1966

Berger, K.-H., Bilanzstruktur und Liquiditätsrisiko, in: BFuP 1963, S. 8 ff.

ders., Zur Liquiditätspolitik industrieller Unternehmungen, in: ZfB 1968, S. 221 ff.

Bierman, H.jr., Capital Structure and Financial Decisions, in: Financial Research and Management Decisions, Hrsg. A.A. Robichek, New York/London/Sydney 1967, S. 34 ff.

Bierman, H.jr./Smidt, S., The Capital Budgeting Decision, 3rd ed., New York 1971

Bitschnau, R., Das Revolvingsystem in der Industriefinanzierung, Frankfurt/M. 1959

Börner, D., Die Bedeutung von Finanzierungsregeln für die betriebswirtschaftliche Kapitaltheorie, in: ZfB 1967, S. 341 ff.

Breuer, W., Der Bankkredit als Instrument kurzfristiger Unternehmensfinanzierung, in: Finanzierungs-Handbuch, Hrsg. H.Janberg, 2.Aufl., Wiesbaden 1970, S. 249 ff.

Buchner, R., Anmerkungen zum Fisher-Hirshleifer-Ansatz zur simultanen Bestimmung von Gewinnausschüttungs-, Finanzierungs- und Investitionsentscheidungen, in: ZfbF 1968, S. 30 ff.

Büschgen, H.E., Wertpapieranalyse, Stuttgart 1966

ders., Leasing und finanzielles Gleichgewicht der Unternehmung, in: ZfbF 1967, S. 625 ff.

ders., Zum Problem optimaler Selbstfinanzierungspolitik in betriebswirtschaftlicher Sicht, in: ZfB 1968, S. 305 ff.

ders., Leasing als Finanzierungshilfe, in: WPg 1969, S. 429 ff.

Chmelik, G./ Kappler, E., Konstitutive Entscheidungen, in: Industriebetriebslehre — Entscheidungen im Industriebetrieb, Hrsg. E. Heinen, 2. Aufl., Wiesbaden 1972, S. 71 ff.

Chmielewicz, K., Integrierte Finanz- und Erfolgsplanung, Stuttgart 1972

Christians, F.W., Langfristige Finanzierung durch Schuldscheindarlehen, in: Finanzierungs-Handbuch, Hrsg. H.Janberg, 2. Aufl., Wiesbaden 1970, S. 281 ff.

Dean, J., Capital Budgeting, 7th Printing, New York 1964

Dempewolf, G., Lieferantenkredit oder Bankkredit? — Rentabilitätsvorteile bei Skontogewährung, in: Finanzierungs-Handbuch, Hrsg. H.Janberg, 2.Aufl., Wiesbaden 1970, S. 687 ff.

Deutsch, P., Grundfragen der Finanzierung, 2. Aufl., Wiesbaden 1967

Diederich, H., Die Selbstfinanzierung aus Abschreibungen, Diss. Mainz 1953

Drukarczyk, J., Bemerkungen zu den Theoremen von Modigliani-Miller, in: ZfbF 1970, S. 528 ff.

Düchting, H., Liquidität und unternehmerische Entscheidungsmodelle, Diss. München 1965

Eggers, T., Grundsätze für die Gestaltung der Finanzplanung, in: BFuP 1971, S. 257 ff.

Elmendorff, W./Thoennes, H., Einfluß der Finanzierung auf den Unternehmenswert, in: Aktuelle Fragen der Unternehmensfinanzierung und Unternehmensbewertung, Festschrift für K. Schmaltz, Hrsg. K.-H. Forster/P. Schuhmacher, Stuttgart 1970, S. 35 ff.

Feske, J., Formen der Außenhandelsfinanzierung, in: Finanzierungs-Handbuch, Hrsg. H.Janberg, 2. Aufl., Wiesbaden 1970, S. 425 ff.

Fettel, J., Die Selbstfinanzierung der Unternehmung, in: ZfB 1962, S. 553 ff.

Fischer, G., Allgemeine Betriebswirtschaftslehre, 10. Aufl., Heidelberg 1964

Fischer, O., Der Einfluß von Leasing und Factoring auf Finanzstruktur und Kosten der Unternehmung, in: Kapitaldisposition, Kapitalflußrechnung und Liquiditätspolitik — Schriften zur Unternehmensführung, Band 6/7, Hrsg. H. Jacob, Wiesbaden 1968, S. 77 ff.

ders., Neuere Entwicklungen auf dem Gebiet der Kapitaltheorie, in: ZfbF 1969, S. 26 ff.

Floitgraf, F., Leasing von industriellen Anlagen als Finanzierungsproblem, in: Finanzierungs-Handbuch, Hrsg. H.Janberg, 2.Aufl., Wiesbaden 1970, S. 495 ff.

Gail, W., Probleme der Finanzierung personenbezogener Unternehmen, in: ZfbF 1965, S. 392 ff.

Gant, D.R., Illusion in Lease Financing, in: Harvard Business Review 1959, S. 121 ff.

Goldschmidt, H.O., Financial Planning in Industry, Leiden 1956

Gordon, M.J., The Investment, Financing and Valuation on the Corporation, Homewood/Ill. 1962

Gutenberg, E., Zum Problem des optimalen Verschuldungsgrades, in: ZfB 1966, S. 681 ff.

ders., Grundlagen der Betriebswirtschaftslehre, Band III, Die Finanzen, 6. Aufl., Berlin/Heidelberg/New York 1973

Härle, D., Finanzierungsregeln und ihre Problematik, Wiesbaden 1961

ders., Finanzierungsregeln und Liquiditätsbeurteilung, in: Finanzierungs-Handbuch, Hrsg. H.Janberg, 2.Aufl., Wiesbaden 1970, S. 89 ff.

Hahn, O., Handbuch der Unternehmensfinanzierung, München 1971

ders., Finanzwirtschaft, München 1975

Hauschildt, J., Organisation der finanziellen Unternehmensführung, Stuttgart 1970

Hax, H., Investitions- und Finanzplanung mit Hilfe der linearen Programmierung, in: ZfbF 1964, S. 430 ff.

Hax, H./Laux, H., Die Finanzierung der Unternehmung, Köln 1975

Hax, K., Abschreibung und Finanzierung, in: ZfhF 1955, S. 141 ff.

ders., Die Bedeutung der Abschreibungs- und Investitionspolitik für das Wachstum industrieller Unternehmungen, in: Industriebetrieb und industrielles Rechnungswesen, Festschrift für E. Geldmacher, Köln/Opladen 1961, S. 9 ff.

142

Heintzeler, W., Auswirkungen der Gewinnsteuerreform auf die Unternehmensfinanzierung, in: ZfbF 1971, S. 555 ff.

Hirte, E., Ertragsvorschau und Finanzplanung, in: NB 1963, S. 175 ff., S 220 ff. und NB 1964, S. 3 ff.

Janberg, H., Finanzierungs-Handbuch, 2. Aufl., Wiesbaden 1970

Johnson, R.W., Financial Management, 4th ed., Boston 1971

Jonas, H.H., Der Handelskredit, in: Finanzierungs-Handbuch, Hrsg. H.Janberg, 2. Aufl., Wiesbaden 1970, S. 221 ff.

Kappler, E./Rehkugler, H., Kapitalwirtschaft, in: Industriebetriebslehre — Entscheidungen im Industriebetrieb, Hrsg. E. Heinen, 2. Aufl., Wiesbaden 1972, S. 575 ff.

King, M.A., Corporate Tax and Dividend Behavior — A Comment, in: The Review of Economic Studies 1971, S. 377 ff.

Kirsch, W., Zur Problematik „optimaler" Kapitalstrukturen, in: ZfB 1968, S. 881 ff.

Kirst, J., Kosten sparen durch Leasing — Ein Vergleich, in: Deutsche Handwerkerzeitung (DHZ) vom 8.8.1975, S. 14

Koch, H., Finanzplanung, in: Handwörterbuch der Betriebswirtschaft (HdB), Hrsg. H. Seischab/K. Schwantag, 3. Aufl., Band II, Stuttgart 1957/58, Sp. 1911 ff.

Köhler, R., Zum Finanzierungsbegriff einer entscheidungsorientierten Betriebswirtschaftslehre, in: ZfB 1969, S. 435 ff.

Köhler, R./ Zöller, W., Arbeitsbuch zur Finanzierung, Berlin/Heidelberg/New York 1971

Kolbeck, R., Leasing als finanzierungs- und investitionstheoretisches Problem, in: ZfbF 1968, S. 787 ff.

Krause, M., Die langfristige Fremdfinanzierung, in: Handbuch der Unternehmensfinanzierung, Hrsg. O. Hahn, München 1971, S. 643 ff.

Krümmel, H.J., Grundsätze der Finanzplanung, in: ZfB 1964, S. 225 ff.

ders., Finanzierungsrisiken und Kreditspielraum, in: ZfB 1966, 1. Ergänzungsheft, S. 134 ff.

Langen, H., Einige Bemerkungen zum Lohmann-Ruchti-Effekt, in: ZfB 1962, S. 307 ff.

ders., Finanzierung von Investitionen aus Abschreibungen, in: Finanzierungs-Handbuch, Hrsg. H.Janberg, 2. Aufl., Wiesbaden 1970, S. 347 ff.

Lechner, K., Betriebswirtschaftlich optimale Selbstfinanzierung, in: Wirtschaftlichkeit 1968, S. 17 ff.

Leffson, U., Leasing beweglicher Anlagegüter, in: ZfbF 1964, S. 396 ff.

Lehmann, M.R., Allgemeine Betriebswirtschaftslehre, 3. Aufl., Wiesbaden 1956, S. 242 ff.

Lerner, E.M./Carleton, W.T., A Theory of Financial Analysis, New York 1966

dies., Financing Decisions of the Firm, in: The Journal of Finance 1966, S. 202 ff.

Lipfert, H., Optimale Unternehmensfinanzierung, 3. Aufl., Frankfurt/M. 1969

ders., Finanzierungsregeln und Bilanzstrukturen, in: Finanzierungs-Handbuch, Hrsg. H.Janberg, 2. Aufl., Wiesbaden 1970, S. 67 ff.

Lücke, W., Finanzplanung und Finanzkontrolle in der Industrie, Wiesbaden 1965

Lutz, F./Lutz, V., The Theory of Investment of the Firm, Princeton/N.J. 1951

Mao, J.C.T., Quantitative Analysis of Financial Decisions, London 1969

Markowitz, H.M., Portfolio Selection, New York/London 1959

Menrad, S., Das Theorem des optimalen Verschuldungsgrades, in: WiSt 1973, S. 266 ff. und S. 307 ff.

Miller, M.H./Modigliani, F., Dividend Policy, Growth, and the Valuation of Shares, in: The Journal of Business 1961, S. 411 ff.

Modigliani, F./Miller, M.H., The Cost of Capital, Corporation Finance, and the Theory of Investment, in: The American Economic Review 1958, S. 261 ff.

dies., Corporate Income Taxes and the Cost of Capital: A Correction, in: The American Economic Review 1963, S. 433 ff.

dies., Kapitalkosten, Finanzierung von Aktiengesellschaften und Investitionstheorie, in: Die Finanzierung der Unternehmung, Hrsg. H.Hax/H. Laux, Köln 1975, S. 85 ff.

Moxter, A., Offene Probleme der Investitions- und Finanzierungstheorie, in: ZfbF 1965, S. 1 ff.

ders., Optimaler Verschuldungsumfang und Modigliani-Miller-Theorem, in: Die Finanzierung der Unternehmung, Hrsg. H.Hax/H. Laux, Köln 1975, S. 133 ff.

Mülhaupt, L., Der Bindungsgedanke in der Finanzierungslehre, Wiesbaden 1966

Müller, H., Portfolio Selection, Wiesbaden 1970

Mumey, G.A., Theory of Financial Structure, New York 1969

Neubert, H., Anlagenfinanzierung aus Abschreibungen, in: ZfhF 1951, S. 367 ff.

Niehus, R., Neuere Entwicklung in der Bilanzierung von Leasing in den USA, in: DB 1974, S. 489 ff.

Oettle, K., Selbstfinanzierungsmöglichkeiten und Investitionsentscheidungen, in: ZfbF 1964, S. 381 ff.

ders., Finanzwirtschaftliche Typen industrieller Unternehmungen − Fragen ihrer Nützlichkeit und Bildung, in: ZfbF 1965, S. 379 ff.

ders., Unternehmerische Finanzpolitik, Stuttgart 1966

Orth, L., Die kurzfristige Finanzplanung industrieller Unternehmungen, Köln/Opladen 1961

Pausenberger, E., Die finanzielle Sanierung, in: Finanzierungs-Handbuch, Hrsg. H.Janberg, 2. Aufl., Wiesbaden 1970, S. 655 ff.

Peterson, D.E./Haydon R.B., A Quantitative Framework for Financial Management, Homewood/Ill. 1969

Pleiß, K., Die optimale Kapitalstruktur einer nach Rentabilitätsmaximierung strebenden Betriebswirtschaft, in: ZfB 1961, S. 88 ff.

Preiser, E., Der Kapitalbegriff und die neuere Theorie, in: Die Unternehmung im Markt, Festschrift für W. Rieger, Stuttgart/Köln 1953, S. 14 ff.

Reismann, A./Weston, F.J./Buffa, E.S., Beitrag zu einer Theorie der optimalen Finanzstruktur, in: ZfB 1966, S. 568 ff.

Resek, R.W., Multidimensional Risk and the Modigliani-Miller Hypothesis, in: The Journal of Finance 1970, S. 47 ff.

Rieger, W., Einführung in die Privatwirtschaftslehre, 3. Aufl., Erlangen 1964, S. 160 ff.

Riemenschnitter, A., Die Kreditfinanzierung im Modell der flexiblen Planung, Berlin 1972

Rittershausen, H., Industrielle Finanzierungen, Wiesbaden 1964

Robichek, A.A., Financial Research and Management Decision, New York/London/Sydney 1967

Roth, W./Econ, M., Eine grundsätzliche Überlegung zum Problem „Kauf oder Miete", in: DB 1974, S. 494 ff.

Sandig, C., Finanzen und Finanzierung der Unternehmung, Stuttgart 1968

Schmalenbach, E., Kapital, Kredit, Zins im betriebswirtschaftlicher Beleuchtung, bearbeitet

144

von R. Bauer, 4. Aufl., Köln/Opladen 1961

Schneider, D., Investition und Finanzierung, 2. Aufl., Opladen 1971

Schwartz, E., Theory of the Capital Structure of the Firm, in: The Journal of Finance 1959, S. 18 ff.

Stützel, W., Die Relativität der Risikobeurteilung von Vermögensbeständen, in: Entscheidung bei unsicheren Erwartungen, Hrsg. H.Hax, Köln/Opladen 1970, S. 9 ff.

Süchting, J., Zur Problematik von Kapitalkosten — Funktionen in Finanzierungsmodellen, in: ZfB 1970, S. 329 ff.

Swoboda, P., Einflüsse der Besteuerung auf die Ausschüttungs- und Investitionspolitik von Kapitalgesellschaften, in: ZfbF 1967, S. 1 ff.

ders., Investition und Finanzierung, Göttingen 1971

Trabant, G., Zur Finanzierung des Unternehmungswachstums aus internen Mitteln, Diss. Köln 1966

Tuttle, D./Litzenberger, R.H., Leverage, Diversification and Capital Market Effects on a Risk-Adjusted Capital Budgeting Framework, in: The Journal of Finance 1968, S. 427 ff.

Ulrich, F.H., Eigenkapital und Kreditgewährung, in: Geld, Kapital und Kredit, Hrsg. H.E. Büschgen, Stuttgart 1968, S. 171 ff.

Van Horne, J.C., Financial Management and Policy, 2nd ed., Englewood Cliffs/N.J. 1971

Vickers, D., The Cost of Capital and the Structure of the Firm, in: The Journal of Finance 1970, S. 35 ff.

Vormbaum, H., Finanzierung der Betriebe, 3. Aufl., Wiesbaden 1974

Wagner, H., Bilanzausweis vermieteter Gegenstände beim Leasing-Geber, in: DB 1974, S. 297 ff. und S. 351 ff.

Weber, A.E., Laufende Finanzplanung im mittleren Industriebetrieb, gezeigt an einem praktischen Zahlenbeispiel, in: Finanzierungs-Handbuch, Hrsg. H. Janberg, 2. Aufl., Wiesbaden 1970, S. 177 ff.

Weihrauch, H., Finanzierungseffekt der Rückstellungen, insbesondere der Pensionsrückstellungen, in: Finanzierungs-Handbuch, Hrsg. H. Janberg, 2.Aufl., Wiesbaden 1970, S. 319 ff.

Wirtschaftsprüfer-Handbuch 1973, Hrsg. Institut der Wirtschaftsprüfer in Deutschland e.V., Düsseldorf 1973

Wissenbach, H., Die Bedeutung der Finanzierungsregeln für die betriebliche Finanzpolitik, in: ZfbF 1964, S. 447 ff.

Witte, E., Die Liquiditätspolitik der Unternehmung, Tübingen 1963

ders., Zur Bestimmung der Liquiditätsreserve, in: ZfB 1964, S. 763 ff.

ders., Die Finanzwirtschaft der Unternehmung, in: Allgemeine Betriebswirtschaftslehre in programmierter Form, Hrsg. H. Jacob, Wiesbaden 1969, S. 497 ff.

Wittgen, R., Moderner Kreditverkehr, München 1970

ders., Einführung in die Betriebswirtschaftslehre, München 1974

Wöhe, G., Einführung in die allgemeine Betriebswirtschaftslehre, 11. Aufl., München 1974

von Wysocki, K., Das Postulat der Finanzkongruenz als Spielregel, Stuttgart 1962

9. STICHWORTVERZEICHNIS

VERLAGSPROGRAMM

1. **Methodenlehre Statistik** (Deskriptive und induktive Statistik), 2. Auflage
2. **Übungsbuch Statistik,** 2. Auflage
3. **Mathematik für Wirtschaftswissenschaftler,** 2. Auflage
4. **Einführung in die Betriebswirtschaftslehre,** 3. Auflage
* 5. **Betriebliches Rechnungswesen I: Buchhaltung**
6. **Betriebliche Funktionsbereiche,** 2. Auflage
   (Beschaffung — Produktion — Absatz — Finanzwirtschaft)
7. **Investition** (Entscheidung — Planung — Rechnung), 3. Auflage
8. **Finanzierung,** 3. Auflage
9. **Kostenrechnung,** 4. Auflage
10. **Bilanzen** (Analyse — Kritik — Theorien), 3. Auflage
11. **Feilmeier: Personalwirtschaft,** 2. Auflage
12. **Grundzüge des Marketing**
13. **Produktions- und Kostentheorie,** 2. Auflage
14. **Grundlagen der Logik**
15. **Einführung EDV,** 2. Auflage
16. **Organisation**
17. **Operations Research Verfahren**
18. **Einführung in die Volkswirtschaftslehre,** 4. Auflage
19. **Grundlagen der Mikroökonomik,** 4. Auflage
20. **Übungsbuch zur Mikroökonomik,** 3. Auflage
21. **Grundlagen der Makroökonomik,** 3. Auflage
22. **Geld, Kredit & Währung,** 2. Auflage
23. **Allgemeine Wirtschaftspolitik,** 3. Auflage
24. **Wachstumstheorie,** 3. Auflage
25. **Grundzüge der Rechtslehre,** 2. Auflage
26. **Repetitorium Privatrecht**
27. **Repetitorium Öffentliches Recht**
28. **Privatrecht: Fälle & Musterlösungen,** 2. Auflage
29. **Betriebliche Steuerlehre**
*30. **Betriebspsychologie**
31. **Finanzwissenschaft**
32. **Fertigungswirtschaft**
33. **Arbeitsrecht**
34. **Inflationstheorie**
35. **Werbepsychologie**
36. **Fallstudien zum Marketing**
*37. **Steuerpolitik**
38. **Balzereit: Personalwirtschaft**
*39. **Kleines Rechtslexikon**

Stand: Februar 1980   * in Vorbereitung

<u>R wie Ratgeber:</u> Unser Verlag hat sich der Fragen und Probleme von Abiturienten und Studenten angenommen. Ziel dieser Ratgeberreihe ist es, zu Fragen der allgemeinen Orientierung (Abitur - und dann?, Studium - und dann?) ebenso Auskunft zu geben wie zu organisatorischen Fragen der täglichen Lern- und Studienpraxis (Richtig Studieren, Sprechen und Überzeugen).

Dieter Schweer
Abitur — und dann?

ca. 200 Seiten, Pb., DM 13,50
sfr. 15,-/öS 105,-
ISBN 3-88295-029-3

Hier finden Sie umfassende Informationen sowohl über akademische als auch über nichtakademische Ausbildungsmöglichkeiten. Es wird gezeigt, wie man seine Berufswahl planvoll mittels Entscheidungshilfen zur Selbstbeurteilung trifft. »Abitur — und dann?« sagt Ihnen, wie Sie einen Studienplatz oder eine Lebenshilfe finden, welche Förderungsmöglichkeiten es gibt und wie Sie sich in Ihrer neuen Umwelt zurechtfinden.

Helmut Hohmann
Sprechen und Überzeugen
— Ein Rhetorikkurs —

1. Auflage 1979
231 Seiten, Pb., DM 13,50
sfr. 15,-/öS 105,-
ISBN 3-88295-025-0

Wer gut argumentieren kann, eine wohlklingende Sprechweise besitzt, frei, locker und natürlich redet, hat es privat und beruflich leichter, sich im Leben durchzusetzen. Gute Redner werden aber nur selten geboren und die überwiegende Zahl hat sich diese Fähigkeit durch intensives Training erwerben müssen.
Die Kunst des überzeugenden Redens ist erlernbar. Dieses Buch zeigt Ihnen einen Weg. In 75 Übungen, die detailliert erklärt und begründet werden, bietet Ihnen »Sprechen und Überzeugen« die Möglichkeit, sich im Selbststudium die Fähigkeit des überzeugenden Redens zu erwerben. Alle Übungen sind sorgfältig aufeinander abgestimmt und resultieren aus der praktischen Erfahrung des Autors mit verschiedenen Teilnehmergruppen an Rhetorikkursen. Aus diesem Grunde eignet sich »Sprechen und Überzeugen« auch in idealer Weise als Handbuch für den Unterricht.
Dem Schüler und Studenten zeigt es Wege, wie man bei Referaten, Vorträgen oder Prüfungen besser abschneiden kann, dem Geschäftsmann hilft es, seine Verkaufsgespräche zu verbessern und seine Mitarbeiter und Verhandlungspartner zu überzeugen. Ein praktischer Übungskurs also für alle, die im Beruf oder privat die Möglichkeit nutzen wollen, sich klarer und überzeugender auszudrücken, die Hemmungen zu überwinden haben und durch besseres Reden erfolgreicher sein wollen.

Dr. Ingrid Herrman
Richtig Studieren
— Ein Handbuch —

ca. 200 Seiten, Pb., DM 13,50
sfr. 15,-/öS 105,-
ISBN 3-88295-030-7

Will ein Student viel und weniger effizient arbeiten oder will er lieber weniger, aber erfolgreich studieren? Diese Entscheidung sollte eigentlich keine sein, entspricht aber der Studienrealität. Bei einer Repräsentativerhebung an der Universität des Saarlandes sahen 55% aller befragten Studenten die Hauptschwierigkeit in dem Problem, wie man rationell und effizient arbeitet. Strategie ist für den Studienerfolg wichtiger als Begabung, Lern- und Merkfähigkeit. Den Weg, wie ein Student seine Kräfte gezielter einsetzen kann, zeigt Ihnen das Buch »Richtig studieren«.

Es soll dem Studienanfänger Hilfestellung leisten: Bei der Wahl des Studienfaches, denn Studium ist Vorbereitung auf den Beruf. Entspricht das Studium dem persönlichen Lebensziel? Ist der junge Mensch motiviert, gerade diese Studieneinrichtung einzuschlagen? Motivation ist für ein erfolgreiches Studium wesentlicher als Intelligenz.

Rationelles und effizientes Studieren ist erlernbar durch den Einsatz von Strategie, Planung und Arbeitsmethodik. Die Strategie ist der Marschallstab im Tornister des Studenten. Das Buch zeigt ein konstruktives tragfähiges Konzept zur Formulierung einer Studienstrategie. In Übereinstimmung mit der Strategie läßt sich das Studium methodisch planen.

Zunächst müssen dabei technische Probleme gelöst werden: Die finanzielle Situation ist zu klären, welche Stipendien gibt es, wie ist eine geeignete Wohnung zu finden und vieles andere. Besondere Probleme ergeben sich für verheiratete Studenten.

Das Studium muß sorgfältig geplant werden. Dazu gehört die Zeitplanung, die Auswahl der Lehrveranstaltungen im Hinblick auf die Prüfungsanforderungen und die Studienregelzeit, die Prüfungsvorbereitungen. Durch eine intensive Vorbereitung auf die Prüfungen läßt sich selbst die Examensangst teilweise bewältigen. Zur strategischen Planung zählt auch der Aufbau von Beziehungen zu Studienkollegen, von Studiengemeinschaften zur Arbeitsteilung und -rationalisierung, ganz besonders aber die Kontaktpflege mit Dozenten.

Die Organisation der Arbeit bereitet den meisten Studenten Schwierigkeiten. Sie erhalten deshalb Hinweise zur Quellensuche, Bibliotheksbenutzung, zum Anfertigen sachgerechter Vorlesungsmitschriften, zur rationellen Lern- und Lesetechnik, optimaler Informationsverarbeitung und Dokumentation, Ratschläge für die Abfassung von wissenschaftlichen Arbeiten und die Gestaltung mündlicher Referate. Die Studienjahre bestehen nicht nur aus dem Ernst des Lebens, dem Lernen und Studieren. Sie haben auch andere Aspekte: Die Freizeit soll gestaltet werden, Freundschaften werden geschlossen, Erfolge und Mißerfolge müssen bewältigt werden, die Massenuniversitäten schaffen psychische Probleme. Auch zu solchen Fragen finden Sie Rat.

»Richtig studieren«: Das wichtigste Buch Ihrer Privatbibliothek oder die rentabelste Investition während Ihres Studiums.

Gunhild Lütge/Dieter Schweer
Studium — und dann?

1. Auflage 1978
139 Seiten, Pb., DM 13,50/sfr. 15,-
öS 105,-
ISBN 3-88295-001-3

Die Unsicherheit junger Akademiker nimmt zu. Das Hochschulstudium ist keine Garantie mehr, sofort in die Arbeitswelt aufgenommen zu werden. »Studium — und dann?« soll dazu beitragen, beim Übergang von der Hochschulausbildung ins Berufsleben die Orientierung nicht zu verlieren. Der Leser findet alles über Arbeitswelt und Karriereplanung, Stellengesuch und Bewerbung, Vorstellung und Arbeitsvertrag, Rechte und Pflichten aus dem Arbeitsverhältnis, Gehalt und berufliche Sozialisation, innerbetrieblichen Aufstieg, Versicherungen und soziale Vorsorge, Beendigung des Arbeitsverhältnisses und Beurteilung. Anhand von vielen praktischen Beispielen bietet »Studium — und dann?« nützliche und praxisbezogene Orientierungshilfen.
— Was nützt die Promotion?
— Wo soll ich inserieren?
— Was kostet das Stellengesuch?
— Wie sollte eine erfolgreiche Bewerbung aussehen?
— Worauf ist beim Anstellungsvertrag zu achten?
— Wie arbeiten Einstellungstests?
— Worauf kommt es bei der Versicherung an?
Diese und viele weitere Fragen werden in knapper und sachkundiger Weise von den Autoren beantwortet. Die klare und übersichtliche Konzeption des Inhalts und eine saubere Gestaltung des Textes erlauben es, sich schnell zurechtzufinden. Ein Anschriftenverzeichnis mit allen wichtigen Kontaktadressen schließt das Buch ab.

Bestellungen an den Verlag oder über Ihre Buchhandlung.

Verlag Ölschläger GmbH
Amalienstr. 81
8000 München 40
Tel. 089/284942